JN333680

ビルマ・インパール前線

帰らざる者への追憶

――ベトナムからミャンマー西北部への紀行――

森田勇造

序章

今から七、八十年前の私が生まれた一九四〇（昭和一五）年頃は、アジア、アフリカのほとんどが欧米諸国の植民地であった。むろん、中国大陸の一部もそうであった。ところが、日本だけが経済的にも発展し、軍事力を拡大して、欧米植民地国に伍して背伸びをし、対中国戦だけではなく、ついにアメリカやイギリス、そしてオランダやフランスなど欧米諸国を敵にまわして、がむしゃらに戦うことにもなった。当時の日本は、明治以後の教育や殖産興業、富国強兵等の振興政策によって、社会の基盤を確立し、軍事力を高め、すでに欧米先進国並みの国力を培っていた。

この日本の戦いが、アジア文化と欧米文化の戦いとか、ナガランドのメター氏によると、〝ヨーロッパ人とアジア人の戦い〟とも言われたのは、インドシナ半島のベトナム・ラオス・カンボジアを支配していたフランス、インドネシアを支配していたオランダ、香港、マレーシア・ビルマ（ミャンマー）・インドを支配していたイギリス、フィリピンを支配していたアメリカ等、欧米の植民地諸国との戦いであって、原住民政府との戦いではなかったからでもある。とすると、欧米中心の歴史観から立場を変えてアジア側から考察すれば、侵略ではなく解放とも言える。現に、当時独立運動をしていたビルマのバー・モウやインドのチャンドラ・ボーズ、蘭印（インドネシア）のスカルノ等に率いられた独立思考の強い人々は、日本軍を受け入れて共に戦っていた。それが戦後、より早く独立を達成することにもなった。

しかし、日本国が資源や領土獲得、欧米諸国からの植民地解放、そして、アジア諸国の独立のためなどと大義の御旗をいくら振っても、その地域を占領していた植民地者である欧米諸国にとっては、独善的、侵略的でしかない。ましてや被植民地の現地の人々にとっては有難迷惑であったに違いない。しかし、私は、戦後間もない一九六四年に東南アジア諸国を旅行し、各地方で現地の人々から、日本人として好感の下に大歓迎を受けた。ただし、日本が一方的に攻め込んだ中国大陸中南部の人々にとってはまさしく侵略で、嫌悪感を持つ人が多かった。それは特に、終戦後の中国大陸では、国民党軍と共産党軍の内戦が四年間も続き、人民は大変な犠牲を払わされたが、国民党を台湾に追い出して勝利した現在の中国共産党は、その時の犠牲の分までも日本軍に負わせて、責任転嫁をしていたからでもあった。

古代から、勝てば官軍負ければ賊軍と言われてきたように、勝者側の立場が有利なことは今も変わりがないのだが、敗者が自己否定したり、罪悪感に浸れば、やがて民族意識が欠落して、独立心を失うことになる。

一九四七（昭和二二）年四月に小学校に入学し、真新しい教科書でアメリカ式の戦後民主教育を受けた第一期生の私は、多くの将兵や国民を失い、多くの国の人々に多大な犠牲を払わせた、アメリカが言う「太平洋戦争」による負の遺産を多く吹き込まれたこともあり、大学を卒業するまで長い間戦争の負い目を感じていた。

しかし、一九六四（昭和三九）年の東京オリンピック大会の開催年に大学を卒業して、その年に日本を出国し、アジア、アフリカ、そして欧米をも含めた地球を二年もかけて陸路で一周することによって、アジア・アフリカ諸国の独立を確かめた。しかもそのきっかけが太平洋戦争ではなく、大東亜戦争であったことを知らされた。そして、欧米の地以外のアジアで最初の東京オリンピック大会が見事に開催されたこともあり、彼らが日本を称賛し、日本に見習え、日本人は偉い、日本はすごい国だと誉めそやされた。それにいろいろな意味で協力してもらったこともあって、第二次世界大戦におけるドイツとは違った意味で、日本が仕掛けた大東亜戦争の人類史的な意義について考えさせられるようになった。しかもそれが、その後四〇年近くも日本の民族的、文化的源流を探る、アジア諸民族踏査旅行のきっかけにもなった。

私たちは過去の出来事を、現在の価値観を通して見がちだ。しかし、歴史にはさまざまな意味と認識があり、客観的に正しい歴史などあり得ない。私たちが、日本だけでなく東アジア全体、地球全体の状況を考えて歴史認識すれば、自信や自尊心を損なう必要などない。何より大事なことは、過去の事実を受け入れ、それらを克服することによって、自信や自尊心が生まれることを認識することなのだ。

いずれにしても、第二次世界大戦を経てきた今日では、地球上に被植民地国はなくなり、曲がりなりにもすべての国が独立し、人種的偏見も人種差別もほとんどなくなっている。しかも、原爆投下を受け、敗戦をした日本は、いまや世界で一番平和で安全な、そして安定した豊かな国になっている。

人類は、古代からいろいろな理由や目的によって戦争を繰り返してきたが、科学文明が発達するに従ってその愚行に気づかされ、伝統や民族性の強い国家主義を浄化し、希薄なものにして、グローバリズムこそが平和で幸福をもたらし、未来を切り開くものとされてきた。

しかし、そうした楽観的な歴史観は、アメリカ的な経済活動中心の市場主義や発展主義者には都合がよかったが、一般的な人の生きがいや社会の安定と継続には効果的ではなかった。かえって人心の不安、不満や社会の不安定を招き、倫理観や価値観を失うことにもなった。

そこで、これからの私たちは、アメリカが主張するグローバリズムとか国際化という美名に飾られた近代的歴史観を見直し、国際化における国家の重要性と在り方の再確認が必要になっている。

日本的呼称の「大東亜戦争」は、一九三七（昭和十二）年七月に始まった支那事変（日中戦争）をきっかけとして、一九四一（昭和十六）年十二月にはアメリカやイギリスとの戦争ともなり、一九四五（昭和二十）年八月十五日（正確には九月二日）まで足かけ九年も続いた。そして多くの犠牲を払い、悲惨な状態を招いたが、ナチス・ドイツ軍の人種差別を重視した戦いとは違って、欧米中心の歴史観や植民地制度、それに欧米中心の人種差別（奴隷制度をも含めて）や価値観なども地球上から追い払い、世界的な自由と平等を促すきっかけともなって、人類史観を大きく転換した。私たち日本人は、戦後の教育によって強いられた、戦勝国としてのアメリカ的立場での歴史観や価値観で自国を見るのではなく、敗戦国日本が果たした人類史的役割をも認め、過去の歴史的事実を受け入れて克服し、独立国としての自信と誇りを持って、世界の平和と安全について考察する時がきている。

人は歴史を旅する動物であり、時はかげろうのごとくうつろいやすく、物はいつか形をなくして消えてゆく。日本のように国体が千年以上も続く統合された民族社会は、統治者や支配民族が変わったわけではないので、過去は反省しても、負の遺産とすべきものではない。

第二次世界大戦の枢軸国ドイツの戦争目的は、ユダヤ人絶滅計画や人種差別などがあり、欧米中心的であったので、日本とは人類史観において基本的な違いがあった。その違いは、日本が戦争当時に欧米植民地諸国を駆逐して占領した、中国の人半、フィリピン、マレー半島とシンガポール、インドネシア、ビルマ、ベトナム、ラオス、カンボジア、そしてインド等が、欧米植民地国から戦後間もなくに独立を勝ち取ったことである。

中国は、戦後すぐに国民党軍と共産党軍の内戦が再発し、四年も経過して、一九四九年十月一日に中華人民共和国が建国された。

フィリピンは、一九四五年の日本敗戦と共にアメリカの植民地に戻るが、一九四六年のマニラ条約によって再独立をした。

インドネシアは、一九四五年八月十八日、スカルノを大統領として独立を宣言したが、旧宗主国オランダはそれを認めず、少数の日本軍人も参加して独立戦争になったが、一九四九年一二月には独立を達成した。

ベトナムは、終戦直後の一九四五年九月にホー・チ・ミン率いるベトナム独立同盟会が独立宣言をしたが、同年一二月から旧宗主国フランスとの全面戦争になった。そして、一九五四年休戦条約の成立によって、北と南に分断された。その後、南を支援して介入したアメリカ軍と戦ったが、アメリカ軍が敗れて撤退し、一九七三年一月にベトナムが統一されて独立した。

ラオスは、一九四五年四月八日に当時の日本の協力を受けて独立宣言をしたが、戦後第一次インドシナ戦争が勃発し、一九四九年にフランス連合内のラオス王国として名目上独立。そして一九五三年十月二二日、フランス・ラオス条約により完全独立を達成した。

カンボジアは、戦後フランス領に復帰するが、一九四九年にフランス連合の枠組みの中で独立を認められ、一九五三年に完全独立を達成する。

マレーシアは、大戦後、イギリス保護領マラヤ連邦を結成し、一九五七年にイギリス連邦内の独立国家となった。そして、一九六三年にマレーシアが成立した。

シンガポールは、戦後しばらくはイギリス植民地であったが、一九五九年六月に自治領となり、六三年にマレーシア連邦を結成するが、その後分離して一九六五年八月に独立した。

ミャンマー（当時ビルマ）は、一九四二年に、アウンサンが率いるビルマ独立義勇軍が日本軍と共に戦い、イギリス軍を駆逐した。そして、一九四三年八月に日本の後押しで、バー・モウを元首とするビルマ国が建国された。しかし、日本の敗色が濃くなった一九四五年三月には、ビルマ国民軍はイギリス側に寝返って、日本軍と戦って勝利はしたが、イギリスは独立を許さず、戦後は再びイギリス領となった。そして、イギリスから独立の道筋をつけたアウンサンは一九四七年七月に暗殺され、その翌年一九四八年一月にやっとビルマ連邦として独立した。

インドは一九四七年にヒンズー教徒を主とするインド連邦、回教徒を主とする東西パキスタンと別れてイギリスから独立。パキスタンは、一九七一年に東がバングラディシュとして分離独立した。

以上が、大東亜戦争にかかわった国々の戦後における独立の経過である。このような歴史的事実から、日本を代表としたアジア諸国と欧米植民地国との戦い、大東亜戦争は、人類史上ではアジアの偉大な勝利であったとも言える。

大東亜戦争の実戦者は、もうこの地球上からほとんどいなくなり、はるか遠い昔となったが、人類史上に起こった第二次世界大戦としての大東亜戦争終結から、二〇一五（平成二七）年九月には、戦後七十周年を迎えるにあたり、かつて日本軍が進駐した地域の一部であるインドシナ半島のベトナムからラオス・タイ・ミャンマー、そして世に名高いインパール作戦の地であるミャンマー西北のカボウ谷のタムまで、約二千キロの踏査旅行を続け、我々の先祖である祖父や父親の世代の、過酷な戦争行為の跡をたどってみようと思う。

二〇一五年三月八日

森田　勇造

追記

インド東北部のインパールに近い、ミャンマー西北部のモーライクで、現地の僧侶から、多くの日本兵の遺体が埋められている場所についての情報を得た。帰国後、親しい国会議員を通じてその旨を厚生労働省に詳しく伝えた。政府は、来年の二〇一六年に、ミャンマーへ戦後初めて遺骨収集団を派遣するそうだ。

一　ベトナム独立戦争と残留日本兵

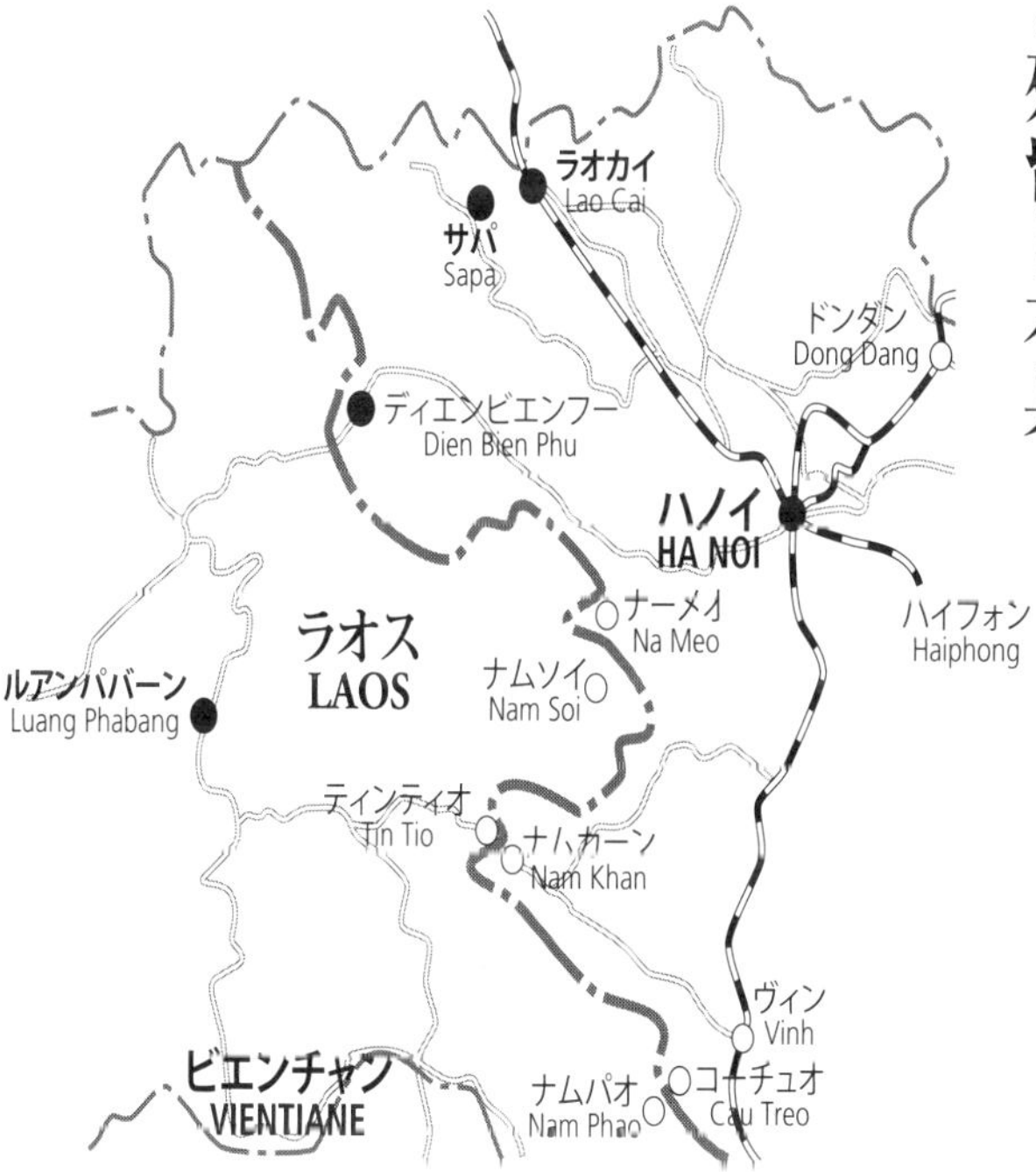

㈠ ハノイ軍事歴史博物館の残像

二〇一四（平成二十六）年十二月十九日朝、ハノイの中心街から北西部にあるクアン・タン通りに面した〝マイソン　ハノイ　ホテル〟を九時に出た。今回の踏査旅行の準備として、通訳もガイドもなく今日一日歩いて市内を見物することにした。

今回の、ベトナムのハノイから陸路西へ向かい、ラオス、タイ北部、そしてミャンマー北部を横断してインドとの国境の町タムまで行く約二千キロに及ぶ旅は、ハノイのホテル以外の予約は一切できていなかった。決まっているのは、ミャンマーの訪問ビザとヤンゴンからの帰りの飛行機だけで、他は何一つ予定が立っていない。何より、一般の旅行会社では取り扱いができないと断られた。特殊な旅行社に頼んだのだが、そこでも情報がなく、現地との連絡が取れないし危険だからできないとのことだったので、往復の飛行機の切符とミャンマーのビザだけを頼んだ。不安ではあるが、これまでの体験と勘を頼りに単独行動を決行した。

ハノイは三度目なので、見物したいものはなかったが、今回のビルマ戦争における戦跡巡りの旅に最も関係のある軍事歴史博物館と、国立歴史博物館は再度見ておきたかった。

すぐ近くのタンロン遺跡の北門から、黄色の大きなクアバック教会を眺めながらホアン・ディエン通りを南へ向かった。しばらく歩くとディエン・ビエン・フー通りに出た。ハノイの中心にあるホアン・キエム湖に通じるこの道を歩いて東南に向かうと左側に八角形の高い国旗掲揚塔が見えた。赤地に黄色の星のマークのあるベトナムの国旗が青空に大らかにゆったりとひるがえっている。軍事歴史博物館はその下にあることになっているので、車やオートバイがはげしく行き交う大きな通りをそれに向かってゆっくり歩いた。

まず、色あせたレンガ造りの国旗掲揚台でもある高い塔に上った。町を見下せるのではないかと思っていたが、樹木や高い建物がじゃまで見晴らしはあまりきかなかった。何より、一番上までは行けなかった。軍人のような係員がいて、頼んでみたが拒否されたので、三段目の高さから眺めた。

三段の台の上に、八角形の塔が立ち上り、その上に国旗がはためいていた。ベトナムの国旗は〝コー・ドー・サオ・ヴァン〟と呼ばれる金星紅旗で、北ベトナムと呼ばれたベトナム民主共和国の国旗として、大東亜戦争終戦直後の一九四五年に制定された。その後、アメリカが介入して起こったベトナム戦争が終わった、一九七六年の南北統一後も使用されている。地の赤色は独立のために流した人民の血を表し、五本の光による星は労働者、農民、兵士、青年、知識人の団結を表現しているそうだ。

南側には軍事歴史博物館のあまり大きくない建物があり、東側の広場に飛行機や戦車、弾頭、各種武器等を展示している。まずそれらを二十メートルもの高さから見下ろした。それらは模型ではなく実物が展示されている。早速塔を下りて、野外の展示場を見た。

私は一九八五年にハノイを訪れたときにも見物している。何度見ても実物なので迫力がある。しかも、陳列されている大半の武器が、一九六四年から始まった先のベトナム戦争で、アメリカ軍が実際

軍事歴史博物館で野外展示される米軍機の残骸と戦車

に使っていた戦闘機や戦車、大小の各種爆弾である。それらを、幼稚園や小学校の子どもたちが、先生に引率されて見に来ている。もちろん、外国からの客や大人もいる。

一番大きいのが双発の輸送機。翼が二十数メートル、胴体の長さが十数メートル。大きい所で三メートルの径がある。〝U・S AIR FORCE〟と大書した短発戦闘機やソ連製のミグ戦闘機など、実物がそのまま展示されている。それどころか、ベトナム軍によって打ち落とされた飛行機の多くの残骸が、一つの尾翼を頂点にして山のように積み上げられてもいる。まるで近代的なアート、戦争アートのように芸術的に展示されている。その横には、巨大な砲の突き出た、長さ六、七メートル、幅三メートル、高さ三メートルくらいの鉄のかたまりのような大型戦車が、二台展示してある。他には破壊された戦車もある。

それに固定された高射砲、車輪のついた大小の高射砲、機関銃、大小の爆弾の陳列、そして、ナパーム弾の実物。中を開けて小さな爆弾がいっぱい詰ったようすがよくわかる。

ベトナムは、これまでに幾度となく戦下をくぐって、今日のベトナム社会主義共和国となり、その国土は、日本の約九十パーセントで三三万九、二四一平方キロメートルあり、人口は八、九七〇（二〇一二年現在）万人になっている。

ベトナムは千年以上にもわたって、今、中国（中国はたえず、支配民族が変わり、国体も変わっているので、一つの同じ国ではないが、漢字という文化を伝承して共有し得ていたので、総称としての国名。今日の中華人民共和国は一九四九年以来である）と呼ばれる国の清や明，元や宋などの時代に支配され、絶えず抵抗し続けていた。そのこともあって、漢民族に支配され続けていた朝鮮半島の人々同様、粘り強くじっとたえて抵抗するしつこい性格の人が多く、自己主張が強い。そんな民族性から独自の文化を成熟させたとも言われている。

近代においては、一八八四年以来フランスの長い植民地政策によって、漢字文化からローマ字文化へと移行しフランス的な文化が根づいた。

第二次世界大戦中、ドイツ軍が一九四〇年（昭和四十）年六月一四日にパリを陥落させ、フランスを支配するようになって、インドシナ半島のフランス支配がゆらいだ。その代わり日本軍が一九四〇年九月二十三日には北部仏印に進駐した。やがて、全インドシナをフランスに代わって植民地化した。

日本軍がいち早く北部仏印を抑えたのは、一九三七年以来日本と戦っていた蔣介石率いる中華民国を支援していた米英により、ハノイ近くのハイフォン港に揚陸された軍需物資が、ラオカイを経由して雲南省の昆明に通じる、雲南鉄道で運ばれていたからでもある。これによって中国援助ルートを遮断された米英は、その代わりに急遽《きゅうきょ》ビルマ北部のラーショーを経由するビルマルートを開通させることになった。そのことが、後にビルマ戦争を引き起こす要因にもなった。

一九四五年八月（正式には九月）に、日本の敗戦によって大東亜戦争が終わると、ほぼ同じ頃、一九四一年の日本支配時代に結成された、ベトナム独立同盟のホー・チ・ミンを指導者とするベトナム民主共和国が、ハノイを首都として独立宣言をした。しかし、旧植民地国のフランスはこれを認めず、南のサイゴン（現ホー・チ・ミン）を首都とする政権を樹立して抵抗させ、一九四六年から第一次インドシナ戦争が始まった。この時、日本の敗戦を認めようとしなかった多くの日本兵が、脱走したりしてベトナムに残留し、ベトナムの独立戦争を支援したり、参加して戦ったとされている。

ラオスとベトナムの国境地帯の高地にあるディエン・ビエン・フーの戦いでフランス軍が敗戦し、劣勢が明らかになる一九五四年には、スイスでのジュネーブ会議によって、北緯一七度線を境に、北ベトナムと南ベトナムに分割された。

日本軍がフランス植民地軍を追放したことによって、独立心の旺盛になった南ベトナムの人民は、一九六〇年に南ベトナム解放民族戦線を結成し、第二次インドシナ戦争が始まった。やがてアメリカ軍が軍事介入し、当時のゴ・ジン・ジェム政府を支援した。

南の解放戦線を支援するホー・チ・ミン率いる北ベトナムに、一九六四年六月頃からアメリカが北爆と称して攻撃を開始した。いわゆるベトナム戦争が本格的に始まり、北の人々は大変な犠牲を払うことになった。

ところが、アメリカ軍が五十万人もの兵を投入したにもかかわらず南ベトナム政府は大敗し、一九七五年にサイゴン陥落によってベトナム戦争は終わった。

その翌年南北は再統一され、今日のようなベトナム社会主義共和国となった。そして一九八六年から、ドイモイと呼ばれる開放路線が採択され、急激な経済発展をとげるようになった。

そんなベトナムの戦いの歴史を、この戦争博物館は物語っている。ベトナムの人々は、千年以上もの間、他民族、他国との戦いを経験しているので、少々のことではへこたれないし、あきらめない。それが近代兵器を駆使して戦ったアメリカ軍を窮地に追いやった、ベトコンと呼ばれるベトナム兵士の粘り強い戦い方で、結局は一人一人が戦い抜いて勝利を得た。

その戦いの様子を何度かフィルムやテレビで見た。残留日本兵の指導によるものか、日本軍が得意とした、地下に掘りめぐらせたトンネルや塹壕を作ったりしていた。そして、落とし穴を掘って竹刺を差していたり、つるや竹でわなを仕掛けたり、落葉で身や物を隠したり、旧式の弓矢や鉄砲を使ったりと、近代兵器によるアメリカ軍とは比較のしようもないほどの原始的な武器や方法であったが、現地を知り尽くしたベトナムの野山やジャングルでは有効な方法や道具であったようである。

インドシナ戦争やベトナム戦争などの戦争資料館を見物した後、ホアン・キエム湖に出て湖畔でしばらく休憩した。目の前で十数人の女性係員たちがサルビアやマリーゴールドの花を植え換えていたが、見ているうちに赤い花と黄色い花に彩られた美しい花壇が出来上がった。

ホアン・キエム湖から更に東へ向かって歩くと、立派な白い建物の大劇場・オペラハウスがあった。そこから三百メートル程東へ進んだ所に歴史博物館がある。ベトナムの先史時代から現代にいたる豊富な展示物があるのだが、一階のドンソン遺跡からの出土品、そして、二階のチャンパ王国時代の彫刻などは見ごたえがある。

とにかく、今日はハノイを歩いて見物しようと、昼食後更に北へ向かって歩き、旧市街やドンスアン市場を見た。そして、ロンビエン駅近くの線路を横切る道を北へ通り抜け、大きな給水塔のあるクアン・タン通りに出た。この道を西に向かっていけばホテルに戻れるので、一安心。かなり歩いたので少々疲労感を覚えながら、ゆっくり歩いて午後三時にホテルにたどり着いた。六時間でハノイの中心的市街を一周したことになるが、腰に吊るしている携帯電話の歩数計を見ると、一七、六〇〇歩となっていた。

(二) 独立戦争の最終地・ディエン・ビエン・フー

ベトナムの中心民族はキン族と呼ばれる人々だが、その他にもモン(ベトナム語ではムオン)、ザオ、タイなど沢山の民族がいる。

私は四十年近くもアジアの少数民族を踏査しているので、ベトナム北西部の少数民族が沢山住んでいると言われるサパの町を訪ねることにした。

日本を出る時は情報があまりなく、ハノイからディエン・ビエン・フーへ行く予定であったが、ハノイで通訳してくれたナムさんによると、サパへは汽車で行けば簡単だし、外国人も自由に行けるとのことだったので、彼に汽車の切符を頼んだ。

十二月十九日の夜、九時十分発の寝台車の切符が手に入った。ホテルを八時十五分に出て、タクシーでハノイ駅に向かった。

ハノイから中国雲南省の昆明に通ずる雲南鉄道に乗るのは初めて。汽車は、少し遅れて九時二十分に発車した。三号車の一号室三番で、四人用の個室の下の寝台。同室者はシンガポールからの夫婦とその一人息子（十四歳）だった。

外は暗くて何も見えないので、同室者と三十分くらい雑談したが、すぐにベッドにもぐりこんだ。

翌朝六時四十五分に、中国との国境の町ラオカイに着いた。町は濃霧に閉ざされ、薄暗く視野がきかない。

ラオカイは雲南鉄道におけるベトナム側の最終駅。一九四〇年九月に日本軍が進駐した時、まず、中国への軍需物資の輸送を断つため、ここラオカイで線路を遮断し、昆明

少数民族の地図

に輸送できなくした。

ハノイから中国の雲南に通じる三八四キロの雲南鉄道は、一九〇一年に設置された。そしてラオカイには一二、〇〇〇人のベトナム人と八〇人のフランス人が住むようになった。一九〇二年には国境近くの高地であるサパに、フランス植民地政府は軍の施設を設置。そして一九一三年にはサパへの道が開通し、一九一四年から植民地政府は、夏季における政府機関の多くをハノイからサパへ移すようになった。その後、標高が高く、夏でも涼しいサパは、徐々に避暑地になった。今ではベトナム一の避暑地であり、少数民族が多い有名な観光地になっている、
プラットホームを歩いていると、若い男に英語で話しかけられた。サパ行きのミニバスの客引きだと言う。彼に案内され、駅近くの広場へ行った。ミニバスが沢山駐車している。

私が乗ったサパ行きのミニバスは、すぐに十二名の満員になり、七時十五分に出発した。バスは大きな山の道を上る。濃霧で視界が悪いので状況がよくわからない。道は工事中が多く、舗装はされているが曲がりの多い〝いろは坂〟で、バス酔いしそうだ。とにかく、急な坂道をハイスピードで走る。

約三二キロの山道を登り切って、八時半頃、標高一、五一〇メートルのサパの町に着いた。ここでまずモン族の村を訪ねて一泊した後、サパの街を見学したのだが、霙《みぞれ》が降って大変寒かった。

ベトナムのディエン・ビエン・フーは、第二次世界大戦後にベトナムが独立するため、フランス植民地軍と最後に戦った激戦地で、ここでの勝利によって北ベトナムは独立することができたので、どうしても訪ねたかった。しかし、いろいろと情報を集めたハノイでは、山岳の僻地《へきち》であるサパから

ディエン・ビエン・フーへの乗り物は、道が悪いのでないだろうと聞かされていた。サパのゲストハウスの女性に、ディエン・ビエン・フーに行きたいのだが、良い方法はないだろうか、と相談した。彼女は迷うこと無くいとも簡単に、「毎朝直行のミニバスが出ているよ」と答えた。私は飛び上るほど喜んで、その切符を頼んだら、十五米ドルで前席を取ってくれた。今度の旅では、寄り道としてサパまで来たのだが、最初からの本コースに戻るディエン・ビエン・フーに行くことが悩みの種であった。しかし、現地では簡単に解決できた。

十二月二十二日（月）朝七時三十分、霧に包まれた町の中心地にある観光事務所のツーリズム・インフォーメイションの前で、ラオカイからやってきたミニバスに乗った。フォードの新車で十人乗りの小型バスには客が私を入れて六人だった。

バスはさらに坂を上り一、五六〇メートルの峠を越えて、下り始めた。間もなく霧が薄れ、雲間に東南アジア最高峰のファンシー・パン山（三、一四八メートル）の岩山の頂上が見えた。昨日からの冷たい雨は雪になっていたのか、頂上は白く雪に覆われていた。

ホアン・リエン・ソン国立公園の中の大森林地帯である大きな山を下る。地図にも詳しくは記されていない、周囲に人も住んでいない僻地の原生林が続く山の中の道は、中国との国境近くの軍用道路にちがいない。それにしても見事に舗装された二車線の立派な道だが車は見かけない。とにかくどんどん下る。約一時間下り続け、再び山道を上り始めた。道沿いに家はなく原生林のような森が続いている。

かなり低地に下ってから再度上り詰めた地域から、道沿いに少数民族の家がポツリ、ポツリと散在していた。

九時十分に、思ったより早くライ・チャウの町に着いた。ここで客を一人乗せただけで止まることなく進んだ。

ムオン・レイという町はダムで水没し、新しく川の両側にできていた。ここのバス停に十二時四十分に着き、客を三人乗せてすぐに出発。しかし、十キロほど進んだベトナム風サービスエリアで昼食。卵焼き・川魚のフライ、フライチキン、煮豆腐、野菜のスープ、それにライスなど、好きなだけ大きな皿に入れ、腹いっぱい食べてベトナムの通貨、五〇、〇〇〇ドンで約二百七十五円と安い。

昼食後外に出て見ると、川をはさんだ反対側の山麓《さんろく》には、日本の田舎と同じような家が立ち並び、水田も畑もあるので、日本の村と見まがう風景があった。

ムオン・レイの日本風の村

午後一時二十分に発ったバスは、簡易舗装の狭い道を進んだ。標高が低くなってくると、モン族やタイ族のような少数民族の村が所々にあった

ムオン・チヤを通り過ぎた頃から道が広くなり、運転手はしきりにスピードを上げた。私はいつし

かうとうとしていたら、三時四十分にディィエン・ビエン・フーの町の入口にあるバスの発着場に着いた。

サパのゲストハウスの事務員から紹介されていた、バス発着場（センター）前にある〝フン・ハー〟と表記されたゲストハウスの二階、二〇一号室に、二〇〇、〇〇〇ドン（約千百円）で泊ることにした。天井にモスキート・ネット（蚊帳）があるダブルベッドが二個あり、トイレ、ホットシャワー付きの部屋で、広々としている。

荷物を置き、カメラを持ってすぐに市内見物に出た。手にした地図を頼りに歩く。ここで見ておきたかったのは、丘の上の戦勝記念像。ゲストハウスから真直ぐ続いているトラン・ダン・ニン通りを東に向かって歩いて約五百メートル、広い道の突き当りがローヒルまたはD1ヒルと呼ばれる丘になっている。丘の下の階段の始まりの横には、ベトナム独立軍とフランス軍との戦いを表現した白い石膏のレリーフがあった。縦幅五～六メートル、横の長さ二十メートルくらいのレリーフを、右から左へ順に見た。

D1ヒル

銃を持った兵士、高射砲の台に座った兵士、バズーカ砲を構えた兵士、傷病兵を運ぶ兵士、大砲を引く兵士など、ここでの激しい独立戦争の様子が、象徴的にレリーフされている。そして、左の最後の方に長い机を前にして座ったホー・チ・ミンを中にして会議をしている様子があった。

これまでに二度ベトナムを訪ね、そしてベトナムに関する書物を読むたびに、いつも目にし、耳にしてきた〝ディエン・ビエン・フーの戦い〟が、かつてのベトナム独立軍の総力戦であったことがよく表現されている。

戦争……どんな戦争にも賛成しないし参加したくないが、人間には集団的にやむを得ず戦わねばならない時がある。人類史においてはそんな戦いもあった。ベトナム人にとっては、独立のために何が何でも戦い抜かなければならなかったのだろう。その戦いに、日本軍の残留兵士が参加していたことは、日本ではほとんど知られていない。

後日の新聞報道によると、抗仏戦争が終わった後、〝一九五四年一一月、戦後もベトナムに残留していた旧日本兵七十一人を乗せた帰還船「興安丸」が、京都府の舞鶴港に入った〟とあった。その後、一九六〇年にも、ベトナムから第三次の帰国団があったそうである。

そんな、知れば知るほど複雑な思いをかみしめながら、赤褐色に色付けされた、ローヒルの階段を上り始めた。見上げるとはるかに高い所まで続いているので数えながら上った。なんと三百段もあった。階段を上り詰めた所に女学生が三人座って町を見下していた。彼女たちに「ハロー」と言って笑いかけながらカメラを示すと、三人とも笑顔を見せてくれたのでシャッターを押した。言葉は通じなかったが、日本の高校生と同じような服装で、骨格や表情も似ていた。

市内が一望できる階段の上から見下すと、町の西から南の方は平地が広がっており、フランス植民地時代からある飛行場や田圃があった。どちらを向いても山があるが、南の方ははるか遠くまで平地が続いて、東京がすっぽり入るほど広い高地の盆地である。

ここはハノイから約四百八十キロも内陸に入った、ラオスとの国境にある山岳地帯の大平原。自然環境に恵まれた素晴しい水田地帯で、この広い盆地内になんと十八民族が住んでいるそうだ。

ベトナム、カンボジア、ラオスを総称してインドシナと呼ばれているのだが、この地域は沢山の民族が混在していることでもよく知られている。その沢山の民族が一つの平地に集まっていることでは、もしかすると、ここが最も多いのかもしれない。それだけ自然環境に恵まれた豊かな大地なのだ。そんなこともあって、インドシナ半島を植民地化していたフランスは、なんとかこの地を死守したかったのだろうが、本国の首都パリが一九四〇年六月、ドイツ軍に占領されていたし、インドシナ半島は一九四〇年九月頃から四～五年間、日本軍に占領されていたこともあって、その後の一九四五年九月以後に再度やってきたフランス植民地軍には、かつてのような戦力はなくなっていた。

そのことを見越して一九四五年八月、日本軍が敗戦を認めた直後に立上ったベトナムの人々は、この地を何としても取り返したかったのだろう。そのフランス植民地政府からの独立戦争最後の戦いが、このディエン・ビエン・フーの丘を拠点にして展開されたという。

丘の上には、大きな台座の上に黒色の大きな戦勝記念像があった。二人の兵士が一人は旗をかか

戦勝記念像

げ、一人は左手に銃を持ち、右肩に作物の束を手にして両手を上げた子供を乗せた巨大な像があった。旗はベトナム勝利の象徴であり、銃は戦いを、そして人民の生活を象徴する作物を差し上げた子供は、社会の安定・継続を象徴しているのだろう。三段の台座の上に立つ鋼鉄製の力強い兵士たちの像が、フランスからの独立を勝ち取った喜びに満ち溢れているように立っている。今日の日本にはすでに薄れている、なんと勇ましく、誇らし気な像なのだろう。

　しばらく眺めていると、女子学生たちが上ってきた。彼女たちの一人が片言の英語を話したので、いろいろと質問した。彼女たちは高校の演劇部の学生で、発声練習のためにここに来たのだと言った。

　東京の平地部がすっぽり入るほどの広さの、高原の盆地にあるディエン・ビエン・フーの町には、大小の丘がある。その丘には、独立戦争当時にA・B・C・Dなどと名前が付けられていた。これらの丘には、世界的によく知られた、一九五四年三月から五月にかけてフランス植民地軍とホー・チ・ミン率いるベトナム独立軍との、五十六日もの間、昼夜を問わず続けられた〝ディエン・ビエン・フーの戦い〟の戦跡がある。それは丘に日本軍が得意としたトンネルを掘ったり、塹壕を掘った跡や、地下の司令部、病院、そして大砲を引き上げたりした跡など多くの戦跡が今も戦勝記念、文化遺産として残されている。その中で最も大きな激しい戦いのあったここ〝D1ヒル〟にディエン・ビエン・フー戦勝記念像が建立されている。

かつては日本軍もこの地にやって来たが、植民地化した傀儡政権の正式なベトナム政府軍とは戦っていない。しかし、一九四一年にホー・チ・ミンが結成したベトナム独立同盟（ベトミン）とは、ゲリラ的に銃火を交えた。何より、フランス植民地軍を追放し、彼らに独立の気運を一層強く起こさせた。

女学生たちが、日本人を名乗ると大変喜んで歓迎してくれ、日本はいい国だ、行ってみたいと言ってくれた。そして、ここで記念写真を撮りなさいと自らカメラを手にしてくれた。若い彼女たちの対日感情はよかった。

彼女たちに別れを告げ、D1ヒルの裏にある坂道を通って街に下り、〝DUONG七一五〟と表記されている大きな道を南の方へ歩いた。まず目についたのは、左側の大きな長方形の池に西陽を受けて赤褐色に映える、三階建ての立派なディエン・ビエン県立のゲストハウスだった。水面に映える建物はまるで絵葉書のように美しい。そして、すぐ右側には大きな時計塔のある中央郵便局があった。そこを過ぎると大きな椰子の木に囲まれた人民広場があり、その奥に人民委員会の建物があって、ホー・チ・ミンの大きな写真がかかげられていた。

さらに南に向かって歩いていると、舗装された広場があった。その奥に大きな城門のような建物があり、国旗がかかげられていた。立派な門構えなので近づいて行き、近くにいた人に尋ねると、A1ヒルの犠牲者の墓地だという。

中に入ると、石畳の立派な通路が百メートルほど伸びており、突き当りにピラミッド型の石の建物がある。通路の両側には、薄桃色の長方形の台座の上に星のマークの付いた墓石が立っている墓が、列をなして沢山作られていた。

A1ヒルは、この墓地の道をはさんで北隣にある森。この丘に今は木が茂っているが、かつては木のない丘で、激戦地の一つとなり、多くの兵士が犠牲になったそうだ。

一九五四年四月一日とか四日と記された墓標が無数に立ち並んでいる。五、六百以上はあると思われる墓地の一番

墓碑の列

奥には、ピラミッド型の建物の中に黒曜石のような立方体の大きな火成岩が安置されており、そこに金文字で、〃A1ヒルにおける犠牲者の霊を悼む〃と記されていた。その下には、花や果物が捧げられ、大きな線香立てに線香がいっぱいさしてあった。

夕方であったからか、参る人が絶えなかった。中でも若い娘たちが線香を立てて祈る姿が見られた。親戚縁者なのか、それとも独立のために犠牲になった兵士には誰であろうが、哀悼の意をささげているのか、女性たちが線香に火を点《とも》して、頭《こうべ》を垂れて祈る姿にわが身を振り返って感動させられ、しばらく立ちすくんだ。

墓前で祈る娘たち

その墓地の道をはさんだ反対側に、〝ディエン・ビエン・フー歴史的勝利の博物館〟と表記された円錐形の大きな建物があったので、開いていた門を通り抜けて中に入った。立派な建物の広い空間には何もなくがらんとしていた。何かあるはずだと思って中をあちこち歩いたが、部屋の入口が並んでいるだけで、中身はまだ整っていないようだ。一階の広間に商店らしきものがあったが、夕方であったからか人はいなかった。門はあったが自由に入れたので、入って中を見たのだが、人もいなかったし、何も展示されていなかったので、狸か狐にでも化かされたような不思議な気持ちで外に出た。門を出た近くに若い男の親子がいたので尋ねたが、言葉は通じなかったし、何も教えてくれなかった。

ここで見たいところは見たし、もう暗くなりかけていたので、ゲストハウスの方に向かって歩きながら、ディエン・ビエン・フーの戦跡を六十四年後に訪れた高ぶった気持ちが徐々に覚めてきた。しかし今度の旅の始まりにここを訪ねたことは、やはりよかったと思える納得と満足感がこみ上げてきた。

市内を流れる川沿いに続く夜の市場を歩いていると、人々の賑わう様子に触れて何となく楽しくなった。人は集団になると活気づく習性があることに気づかされて、日本を思う気持ちが一層強くなり、よし頑張るぞうという気になって、これからの計画の立たない旅を思いつつゲストハウスに戻った。そして、隣の食堂で、ビーフンのヌードル・スープとご飯を頼んで腹いっぱい食べた。

二　メコン川流域の現象

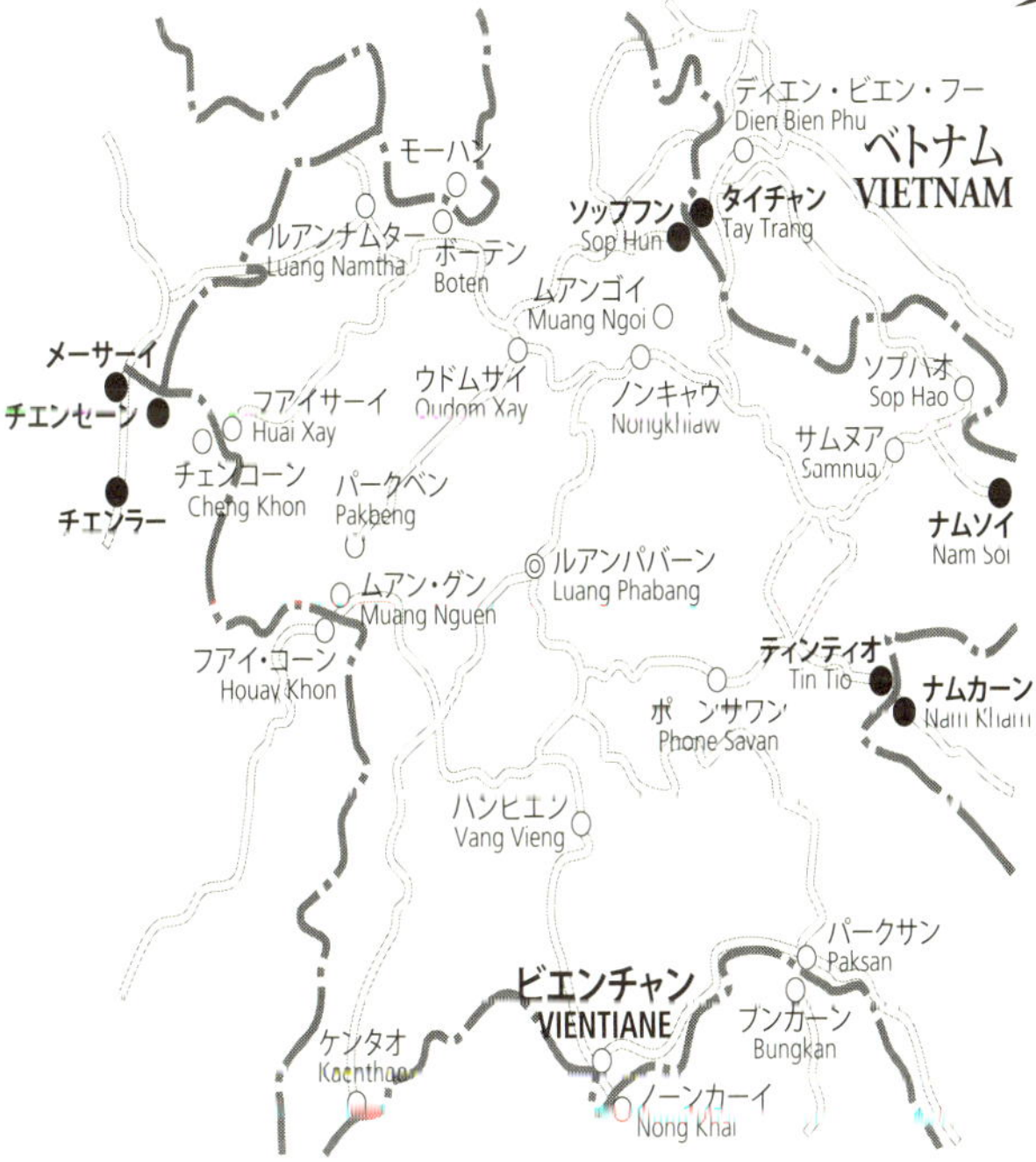
ディエン・ビエン・フー
Dien Bien Phu
ベトナム
VIETNAM
モーハン
ソップフン
Sop Hun
タイチャン
Tay Trang
ルアンナムター
Luang Namtha
ボーテン
Boten
ムアンゴイ
Muang Ngoi
メーサーイ
チエンセーン
ウドムサイ
Oudom Xay
ノンキャウ
Nongkhiaw
ソプハオ
Sop Hao
ファイサーイ
Huai Xay
サムヌア
Samnua
チェンコーン
Cheng Khon
パークベン
Pakbeng
チエンラー
ナムソイ
Nam Soi
ルアンパバーン
Luang Phabang
ムアン・グン
Muang Nguen
ティンティオ
Tin Tio
ファイ・コーン
Houay Khon
ナムカーン
Nam Kham
Phone Savan
バンビエン
Vang Vieng
パークサン
Paksan
ビエンチャン
VIENTIANE
ブンカーン
Bungkan
ノーンカーイ
Nong Khai

(一) メコン川上流への船旅

㈠ ルアン・パバーンからパークベンへ

ディエン・ビエン・フーからラオスの古都ルアン・パバーンまで、プライベートバスの直行便があることも、サパ・ホステルの事務員に教えてもらった。

十二月二十三日（火）、朝靄がたなびき視界がはっきりしない七時過ぎに、ゲストハウス前のバス発着場で、四百五十キロも離れた遠いルアン・パバーン行きの切符を四十九万五千ドン（二千七百五十円）で買った。大変な距離だが、これで確かに今日中にルアン・パバーンまで行けると思うと、なんとなく余裕ができ、うれしくなった。

しかし、実際には山坂越える長時間の大変なバス旅行になり、日が変わった、翌日の午前一時半に着いた。なんと十七時間三十分も要した疲労困憊になる旅であった。

翌二十四日は、ルアン・パバーンの中心街にある〝MYLAOHOUSE　BOUTIQUE　HOTEL〟に一泊四十ドルで泊まり、市内見物をして過した。

二十五日の朝、六時半に起床して、朝食付きなので、七時からホテルの入口の右側にある食堂で急いで朝食を取った。そして、七時十五分に、三輪タクシーのトゥクトゥクをラオスの通貨三万キープでチャーターして、ファイサーイ行きの船の発着場に向かった。町の郊外にあると聞いていたので、二～三キロの所かと思っていたらなんと四～五キロも離れていた。

ルアン・パバーンからタイとの国境の町・ファイサーイまでメコン川を上流へ三百キロ以上も遡る船旅は、大陸の大動脈である川のあり様や流域の人々の様子、そして自然現象を観察してみようと思い、今回の旅を計画した最初からの予定であったが、あまり情報がなかったので、現地に来るまで予定が立たず、不安であった。

メコン川は、中国（中華人民共和国の略称）の青海省南部のチベット高原を源流とする、全長四、三五〇〇キロもある東南アジア最長の大川。中国の雲南省を通り、ミャンマーとラオスの国境、タイとラオスの国境、そしてカンボジアを経て、ベトナム南部の町ホー・チ・ミン市近くで、南シナ海に流れ出ている。日本では想像もつかないような水量豊かな、長い長い大川。

午前八時に女性事務員がやってきて、何も説明せず乗船券を発行し始めた。まるで、ままごとをしているような事務作業で、現代的な器具は、小さな計算機が一つあるだけ。客は一列に並ぶでもなく、その机の前によって来て、順番を待つ。やっと私の番になった。事務員から「スピードボートか、スローボートか」と聞かれたので、スローボートだと答えると、外国人は米ドルで払えと言う。ラオスの通貨キープは受け付けないので十六米ドルを払う。目的地のファイサーイまでの切符かと思いきや、途中のパークベンまでだそうだ。パークベンで一泊し、翌朝別の船に乗り換えてファイサーイへ行くのだそうだ。

重い荷物を自分で背負って三、四十メートルも下の川辺まで下りた。乾季なので水面が下っている川辺に船着場があり、そこに接岸されている屋根のある長いボートに乗り込む。後ろの方の席に荷物

航行の安全を祈る婦人

を置いて自分の席を確保し、カメラを手にして岸辺に降りた。

　このボートの持ち主だそうだが、五十歳くらいの女性が、砂地に野草と花を置き、その前に線香を立てて砂地に膝をつき、両手を合わせてお祈りをしていた。なんでも航行中の安全祈願をしているのだそうだ。そういえば、船の中央部の柱にも野草が結び付けられているし、舳先には花木や野草の生えた鉢が置いてある。ラオスは仏教国なのだが、自然の精霊をも信仰する風習があり、人々は今も大地の神、川の神なる精霊に、守護神として安全を祈願しているのだと言う。日本の門松や生花と同じように植物に精霊が宿ると思っているのだろう。

　船は八時三十七分に出発した。曇天でかすんでいるし、空気が肌寒い。船が走りだすと、両側に覆いがないので、風が吹き込んで、一層寒く感じ

バックウー洞窟寺

られる。ウインドブレーカーを着込んだが、それでも寒い。川沿いには竹林が多く、人家はほとんどない。

私の二席後ろに若い女性が一人座っている。長身で、ラオス製の縞模様の長いパンツを履き、帽子のついた厚手のウインドブレーカーを着て、顔を半分隠しているので、韓国か台湾、または香港の娘だろうと思っていた。そのうち、ニコンの大きなカメラで、岸辺を撮影し始めた。私は、長くペンタックスの一眼レフを使っていたが、この旅のために軽くて使いやすいことを考えて、ニコンの中型デジタルカメラを買っていた。私が彼女を見ていると、彼女も私を意識しているようなので、「日本人かね？」と尋ねたら、「そうです。日本人ですか」と尋ねるので、「そうだよ」と返した。

肌寒い風を感じながら進んでいると、九時五十分、左の右岸（上流から見ての航行用語）の黒、白、桃色などのまだらな岩壁に、白い岩窟寺が見えた。これはこのメコン川沿いではよく知られた〝バックウー洞窟寺〟で、僧の巡礼寺だそうである。洞窟の中には沢山の仏像が安置されているそうだが、入口だけで中を見ることはできなかった。そこを過ぎると川には岩が多く、流れが早い。十時頃、川幅が二、三百メートルになり、流れが速く、船縁に波しぶきが立つ。川沿いにはゴム林のような林が続いている。難破船なのか長い船が川面に頭を出した岩に横たわっている。川底には岩が多く、危険な所なのだろう。

この船は全長約三十メートル、最大幅四メートルくらいで、旧式の川船ではかなり大きい。ドドドド・・と鳴り続けるエンジンは後の端だが、操舵手は舳先近くに座って両手で舵を取る。客は前の方は左右向かいの席に、その後ろは荷物置き場で、中央から後ろには両側に二つずつ席があり、前に向かって座り、十数列並んでいる。現地の人は前に座り、外国からの客はほとんど後ろの席に座っている。後ろの各席には柿色のライフジャケットが用意されているが、誰も身につけていない。

乗船客は欧米からの旅行者が多く、約四十人。現地の乗客は約二十人。それに乗組員が船主の女性を入れて六人。前にいる現地の人たちは比較的静かだが、後ろの旅行者たちはにぎやかでいろいろな言葉が聞かれる。

乾季で川面が下っていることもあって、両岸には白い砂地があり、砂を採取して船に運び込んでいる人々がよく目に付いた。

十時四十分頃、やっと空に晴れ間ができ、太陽が顔を出して暖かくなった。皆は気分が良くなったのか会話が盛んになり、一層楽し気だ。やはり寒いと身がちぢこまり、気持ちがなんとなく沈みがちになるのは、どこの人も同じようだ。

十一時十分、出発してから二番目の船着場、と言っても人工的な物は何もない自然な状態の場所に娘が一人下船した。少し高い所に村がある。

この船は時速二〜三十キロで川上に向かっているが時々、スピードボートと呼ばれる、ジェットエンジンを付けた、長さ四メートル、幅一、五メートルくらいの小型ボートが、時速百キロくらいのハイスピードで追い越して行く。

十二時半頃、船で売られていたラオス製のカップラーメンを買って食べたが、湯がぬるま湯でまずかった。昼食後、日本人の娘としばらく話した。なんと東京学芸大学の幼児教育学科の卒業生で、半年間幼稚園の先生をしていたが、面白くないし、性に合わない気がしてやめ、十二月初めに二度目の東南アジア旅行に出た。そしてベトナムから飛行機でラオスに入国したそうだ。私は、平成二十三年二月まで学芸大学で客

船中の私

員教授をしていたが、彼女、米窪さんは平成二十二年の四月に入学していた。会うことはなかったが、急に身近に感じて、私の名刺を渡した。彼女も驚いていたが、若者らしく表情が明るくなり、よく話した。

午後一時三十分、三番目に着岸した所で娘、青年、中年男子の三人が下船した。この船はもともと現地の人々の生活に必要な交通用であったが、今では外国からの旅行者が多くなり、川沿いに住む現地人の足ではなくなりつつある。船が接岸するたびに人が下船するので、客は徐々に少なくなる。この近辺には黒光りする鉄分を含んだ岩が多い。

二時五分、四番目の接岸地では中年の夫婦が下船した。たぶん村の商店の夫婦なのだろう。ビールの箱や沢山の荷物が砂地に下ろされた。十メートル以上も高いところに村があるようで、川面からは見えなかったが、船が着くと五、六人の子どもたちが砂場を走り降りて来た。荷揚げを手伝いに来たようで、子どもたちはその荷物を運び上げていた。

荷物を下ろすとすぐに出発。二時四十五分には、五番目の砂地に接岸し、一人の青年とオートバイが下船した。村のある川沿いの山肌には道が作られていないようなのだが、どこでどのように乗るのだろうか。

三時三十五分、第六の接岸も砂地に乗り上げるように着き、一人の中年の女性と沢山の荷物が下船した。川の両側は、たいてい山が続いている。二、三百メートルや百メートル足らずの山なのだが、それでも谷間を通っているような感じがする。しかも山裾は段丘になっている所が多く、雨季には水

パークベンの船着場

面が五、六メートルは上ることがうかがえる。

四時二十五分に第七の接岸点で一人の青年が下船した。五時二十分、第八の接岸点で若い女性と大きな荷物四個が下船し、現地の客はほとんどいなくなった。

後ろの席に座っている欧米からの客たちは、午後二時頃からビールやワイン、ウイスキーなどを飲んでいたが、四時を過ぎる頃からは段々と声が大きくなり、五時には奇声を発して騒ぐようになっていた。

初めはそれほど気にもしていなかったが、三、四人ずつが向き合って瓶ビールなどをラッパ飲みして騒ぐのを見ていると、今日はクリスマスなのだと思い出した。クリスチャンにとっては、家族や仲間と楽しく過ごす日なので、アメリカからの旅行者たちが大騒ぎになった。

聞くところによると、ドイツからの二十一歳の娘が二人、五十四歳のオランダ女性と若い夫婦、それに三十代のイギリス人夫婦、ギリシャ人三人、アルゼンチンからの青年、フランスからの老夫婦と中年の女性、そして私たち日本人二人、他はアメリカからのグループツアーや個人旅行の人のようだった。

五時半頃には太陽が山に落ち、薄暗くなると急に寒くなった。寒くなったので薄着で騒いでいた人たちも厚着をして少々静かになった。

午後六時ちょうどに左岸にある中継地パークベンの船着場に接岸した。ここには長い大きな川船が十数艘も接岸しており、中継地らしい所であったが、岸辺には家がなく、暗かった。川面より、十五メートルも二十メートルも高い左岸の山肌に赤・青・黄色などの電灯が華やかに点っている。

自分の荷物を背負って川辺から十メートルも上った広場には何台も車があり、ホテルの客引きが何人もいた。素泊まりで六米ドルとか十米ドルだという。情報が全くなかったので何もわからなかったが、車で案内してくれる十ドルのＰｈｏｎｅｍａｎｇ　Ｇｕｅｓｔ　Ｈｏｕｓｅに泊まることにした。

二、三分で着いたが、靴を脱いで上る二階の部屋は、広いが調度品は何もない。ダブルベッド、トイレ、ホットシャワーがあるだけだった。

ゲストハウスの斜め前にある食堂に入ってビールを飲んでいると米窪さんがやって来た。彼女は目の前にある一泊六米ドルの部屋に泊まっているそうだ。

彼女も私もクリスチャンではないが、今日はクリスマスなので、欧米からの客は、近くの店で騒いでもいるし、二人でチャーハンを注文して、ビールを飲みながら雑談し、八時半頃まで居座った。

その後夜の街を散歩し、九時前に戻ってホットシャワーを浴び、十時にはベッドに入ったが、遠くや近くで欧米の客たちが歌ったり、騒いだりしている声が耳についた。

㈡　パークベンからファイサーイへ

十二月二十六日朝七時に携帯電話の目覚ましで起床した。外は霧がたち込め、まだ薄暗かった。このゲストハウスには朝食が付いていないので、一階でコーヒーとパン、オムレツの朝食をした。さらに昼食として長いコッペパンのサンドイッチを作ってもらったら、これも三米ドルであった。

私は日本で水ボトルを持ち歩く習慣がなく、何処でも水道水を飲む。ところが、ベトナム、ラオスと旅するうちに、水道水が下痢しがちなので飲めないこともあって、ボトルを携帯するようになった特にこの船旅では買わない限り水は飲めない。仕方ないので五千キープで中型のボトルを一本買い込んだ。これで今日一日はボートの上で生活できる。

今朝は車で送ってくれないので、坂道を三、四百メートル荷物を引いて歩き、八時過ぎには船着場に着いた。そこからさらに十メートルも下の船まで、重い荷物を持って下り、昨日とは違う船に乗り込んだ。さらに上流に行くからか船はやや小さ目で、長さ二十五メートル、幅二メートルの川船。乗組員には、やはり〝やり手婆〟のような中年女性が一人、それに四十歳前後の操舵手、集金係の娘と二十歳くらいの青年一人。席に座っていると娘がやってきて、ここからファイサーイまでの料金、十六米ドルを要求されたので払った。

メコン川に架橋中の巨大な橋

客は昨日よりも少なく、二十数人で現地人は数人しかいなかった。同じ所に泊まっていたフランス人夫婦は、この町からバスで北ラオスに行くのだと言っていた。他にもここから北の方へ旅行する人が何人かいたので外国の客も少なくなっていた。

船は昨日同様に、八時四十分に出発した。出発して間もない九時五分に岩場がせり出して川幅が僅か六、七十メートルになった所があり、流れがかなり急であった。船はエンジンの音も高く、岩の狭間《はざま》を通り抜けた。そして、急に空が開けて明るくなったと思っていると九時十分、架橋工事の現場に通りかかった。メコン川に新しい近代的な大きな橋を架ける工事が両岸から始まっており、二〜三十メートル上空に中ほどまでせり出していた。大変珍しい光景なので、何枚も写真を撮った。数年後には立派な橋がかかり、両岸の山肌に車の走る道が建設されていることだろう。

九時五十五分、川沿いには堆積岩があり、褶曲《しゅうきょく》して斜めになっている奇岩が多い。この船旅の特徴は、周囲の熱帯的な植物が茂る野山を見たり、流れの変化や地球の成り立ちが解るような奇岩を見て楽しみ、それに点在する村々と川で魚を捕る人々が散見できる、ゆったりとした時の流れだ。しかしそれは、現地の人々にとってはごく当たり前の珍しいことではないので、ゆっくり走るスローボートに乗るメリットはない。近代化とともに通行用の川船の役目は薄れ、外国人の観光用にしか役に立たなくなる時がやがて来るにちがいない。

今日の外国人の乗客は十八人。ドイツ人二人、オランダ人一人、イギリス人二人、ギリシャ人三人そして私たち日本人二人。他の八人はアメリカ人。昨日は大騒ぎをしていたが、今朝は皆静かだった

十時十五分、川幅が再び百メートル足らずになり、両側に堆積岩が迫って流れが早い。朝は薄曇りであったが、昨日の朝のようには寒くなかった。十時半には天気は快晴になり、太陽は南に下っているとはいえ、熱帯の陽差しは強く、直射日光は暑い。客のほとんどが一枚、また一枚と脱いで薄着になった。

チベット高原から流れ下る川の水は、周囲を侵食しながら流れるので、大地のあり様によって、川幅が広くなったり、狭くなったりしている。

日本は海に囲まれた列島国なので、大陸に比べて川が短くて小さい。大陸内部の川は、大きくて長いので、戦争中に日本兵が川に遭遇した時、対処に苦労したのではないだろうか。そんなことを思いながら川面を見やる。

十一時二十五分、両方の山は低く、川の両側が開け、川幅は二百メートルと広くなり、スローボートはのんびりと上流に向かって進む。その横を、上へ下へとジェットエンジンの高速艇（スピード

ボート）が音高く走り去る。

十二時頃になって、これまで西の方へ向かっていた川の流れが徐々に北へと変わり、間もなく川幅が百メートルほどになって流れが急になった。船足が重く川波が私が座っている左舷を襲い、波しぶきが散って顔にふりかかった。

午後一時十分、右岸に高い山が続いている。たぶん、頂上がタイ国との国境線で、山の反対側はもうタイの領土になるのだろう。川底には岩が多く、流れは早いので航行の難所のようだ。操舵手は昨日同様に代ることなく、先ほど十二時少し前に、操りながら手づかみで食事をしていた。

二時、川幅は再び百メートルくらいになり、両岸に新しい道が建設中。気付くと現地の客は誰もいなかった。そして二時四十五分に三番目の左岸に接岸した。砂地に乗り上げるように接岸し、人は誰も下りなかったが、ここで少し休憩だと言う。舵手席には誰もいなかったので、もしかするとトイレにでも入ったのかもしれない。

四時十分、川幅は三〜四百メートルになり、川のイメージがなく湖のようだ。左岸の村の近くで小船に乗って網を引き上げている漁師がいた。

やがて大きな川にかかるラオスとタイを結ぶ巨大な橋が見え始め、四時四十三分にその下を通過した。川幅は広く、川面はゆったりとして鏡のような光景で、故郷の夕陽を思い出した。対岸にはタイのチェンコンの町が見える。

赤い西陽が大地に落ちて、五時四十分にファイサーイの船着場に着いた。三〜四十メートル高い岸の上に上ると、小型トラックのタクシーが並んでいた。今夜中にタイに入国したかったので、イギリス人夫婦、ドイツ人の娘二人、アルゼンチン人一人、オランダ人、それに私たち二人の八人で、国境の橋のたもとまで十六キロある所を一人一万五千キープで小型四輪タクシーをチャーターして、夕暮れの街を走らせた。

簡単に出国は出来たが、幅　キロもある橋を渡るバスが直ぐにはない。切符を買って待つこと二十分。我々八人だけがバスに乗り込んで七時にタイの国境に着いた。

私たちは、ここから十四キロのチェンコンに泊まることにして四輪トラックのタクシーに乗った。運転手が親切な人でグリーン・インという宿泊所をすすめてくれたので、そこに泊まることにした。私は二階の四百バーツ（タイの通貨）の部屋、彼女（米窪さん）は二階の二百バーツの部屋にした。

(二)　タイの古都・チェンセーン

チェンコンのグリーン・インで六時半に起床し、荷物をまとめて出発の準備をしたが、腹の調子がどうも正常ではない。ラオスのルアン・パバーンの露天市場で食べて以来、下痢気味なので、毎朝下痢止めの薬、ロペシンカプセル一ミリグラムを服用している。

グリーン・インで尋ねると、ここから約五十キロ北西の古都チェンセーン行きのバスがあるとのことだったので、米窪さんと二人で三百メートルほど先の教えられたバスの発着場らしき場所に行ったが、直通バスはなく乗り継ぎだという。しかも八時に出ると言われたがその気配がなく、バスも来なかった。地元の人に尋ねても、答えがまちまちで、何が何だかわからない。とにかく直通バスはないし、時間が要ることがわかった。仕方なく小型トラックタクシーを一台、八百バーツとの言い値を六百にまけさせてチャーターし、八時二十分に発った。

メコン川沿いの平坦な道を進むのかと思っていたら、大きな山があり、山道を上ったり下ったりで、途中林が多いし、ほとんど家がなく大変な山道だった。約一時間走って、やっと平地に出た。水田地帯がしばらく続いた川沿いの町がチェンセーンで、九時半に着いた。

運転手に頼んで国立博物館まで連れて行ってもらい、その門前で降りた。荷物を事務所で預かってもらい、入場料百バーツを払って入った。十三世紀頃からの遺品と仏像、それに少数民族の衣類等が展示されており、見応えがあったので約二時間見学した。

十三世紀初頭に、雲南にあった大理王国がモンゴル帝国に滅ぼされると、その王族の一派であるタイ族は、メコン川沿いに南へ逃げた。チェンセーンは、そのタイ族のマングライ王朝第三代のフィア・センプー王によって、一三二八年に王都としてメコン川沿いに作られた町で、城壁が三キロの長さもあったとされている。その城壁は、東側の川沿いは洪水でなくなっているが、その他は今も残っている。

当時のチェンセーンは、米や塩の生産地として、メコン川中流域における大変重要な拠点であった。しかし、たび重なるメコン川の氾濫や洪水によって町が破壊されたので、やがて七十キロ南のチェンラーイに遷都されてからは、王都となることはなかったそうである。その後のタイ族は、都を南へ南へと移動して行った。

博物館の東隣にある、一三三二年に建立されたというワット・チェディルアンの寺院跡には、今も八角形の大きな台座の上に、高さ十八メートルもの古い仏塔がある。そのすぐ近くにあるレンガ造りのくずれかけた遺跡の上には、菩提樹の大木が、タコの足のように根を張って空高く伸びている。まるで、カンボジアのアンコールワットと同じような光景。

チェンセーンにある八角形の仏塔

古都チェンセーンには寺院や仏塔などの遺跡が多い。博物館前を通るＰｈａｈｏｌｙｏｈｈｉ道路沿いの、崩れかけた仏塔を五か所も見ながら、東側のメコン川沿いまで歩いた。

若くて元気のよい米窪さんと川沿いの休憩所の椅子に座って、みかんを食べながらメコン川を眺めた。川幅四〜五百メートルもある、広くて雄大な川の東側の対岸には、ラオスの家々がはっきり見える。日本では感じることのできない国境の大川。しかし、湖のようにゆったりしているので、泳ぎの少し達者な人なら夜中に越境して密出入国できる。両国の言葉は類似しているし、顔形はほぼ同じなので、どちらの国に入ってもなかなか区別がし難い。

川上の北の方には、麻薬の取引で有名になった、メーサーイ川との合流点で、ラオス、ミャンマー、タイ三国の接点である、〝ゴールデン・トライアングル〟と呼ばれる黄金の三角地帯が見えている。平和で穏やかな光景だが、国境の見えない壁が実感できる場所でもある。

午後一時過ぎから路上の屋台で、ビーフンのスープ麺を食べ、午後二時四十分にやって来た、チェンラーイ行きのプライベートのミニバスに乗って出発した。

道は舗装された直線道路で快適に走り、七十キロの距離を一時間くらいで一気に走って三時四十五分にチェンラーイのバスセンターに着いた。米窪さんは、ここから南のチエンマーイへ行くが、私は、人通りの多い街を三百メートル位歩いて、時計塔の近くにある、白と褐色のツートンカラーの大きな建物、ワンカム・ホテルに入った。予約はしていなかったが、一泊三十米ドルで泊まれることになった。

日本を発ってすでに十日も過ぎ、毎日なんらかの型で移動し、落着くことはなかったので、ここチェンラーイで二泊し、休憩することにした。

㈢　日本的追憶の乗合バス

十二月二十九日、いよいよミャンマーに入国する日だ。朝六時半に起きて、七時からホテルのバイキング料理による朝食を腹一杯食べ、八時にチェックアウトをした。

曇りがちな、ひんやりした空気の中、人通りの少ない朝の街を歩いて、バスが何十台と並んでいるバスセンターまで行く。昨日調べておいた、国境の町メーサーイ行きの五番乗り場のバスに乗り込んだ。車の外見は新しいが、中身は三、四十年も前のような中古の乗合バス。その最前列の運転手の左横の席に座る。

バスは予定通り八時半に出発した。走り始めにはエンジンがガタガタと変な音を発するので、メーサーイまで無事に行き着くだろうかと心配になる。車内の客はほぼ満席だが、私語が少なく、スマートフォンを使う人も少ない。面白いことに、ベトナムやラオスは、発展が遅れたこともあり、多くの人が超近代的なスマートフォンを持ち、オートバイが多かったが、タイは多くの人が、私と同じような携帯電話を持ち、自転車が多くてオートバイが少なく、多種多様な車が多く、それなりに道路も整備されている。日本の支援の下に東南アジアで一番早く近代的に文明化したタイは、旧式の携帯電話が普及していたために、スマートフォンに変わり難いようだ。

タイには日本の車は何でもあり、とにかく新旧の車が多いし、道が良い。猛スピードで走る車もあれば、のんびり走る中古車もある。タイは、東南アジアでは日本と最も友好的な国で、戦後間もなくから日本の産業界の進出が見られた。今では日系企業や日本人が多く滞在し、第二の日本のようにもなっている。

日本はタイ国とは戦争をしていないし、戦場にもしていない。第二次世界大戦における日本の大東亜戦争においては、初め中立的な立場であったが、やがて協力してくれることになった。

一九五九（昭和三十四）年に出版された、伊藤正徳著「帝国陸軍の最後」（文藝春秋新社）には、次のように記されている。

〝タイ国は当時未だ厳正中立の独立国であり、元来が親英的であって、我が方の親善工作は開戦の日まで功を奏せずに悩んでいた実情だからである。
首相ピブンは、日本の呼びかけに応ずる意思を持っていたが、親英的伝統を一擲して対英戦争に突入するだけの政治力はあり得なかった。それは、日本がいよいよ対英戦争を宣言して武力をタイ国の面前に並べた背景の上にのみ、日タイ提携を余儀ない成り行きとして承諾する方法しかなかった。だから、日本軍のタイ国内通過は、十二月以後でなければ正式には不可能であり、第五十五師も唯仏印で時を待っている外はなかった。
中略
真珠湾奇襲大勝の報道に全世界は沸き返り、政情混迷の裡に苦しんでいたタイ国も、茲に至って踏み切りを附け、漸く日タイ軍事協力を約することになって、日本軍のタイ国通過が可能となった〟

こうして日本軍は、一九四二年一月にビルマ（現ミャンマー）攻略のため、駐留していた南仏印からバンコックを経由して進軍し、三月には首都ラングーン（現ヤンゴン）に攻め入ることができた。もし、タイ国の協力がなかったなら、ビルマ戦争は不可能であった。

このような日タイ間の協力関係があったこともあって、戦後において日本が経済的に復興してきた一九七〇年代から、日本の各企業はいち早くタイ国に進出し、タイ国の経済力向上に貢献した。

経済活動においては、日本とタイは同盟国的な社会状況にあるが、文化的にはかなりの差がある。日本と同じ稲作農耕民であるタイ王国の人々の多くは、もともとは、中国雲南省にあった大理王国に住んでいた。しかし、その王国は十三世紀初頭にモンゴル帝国に滅ぼされ、タイとかシャムと呼ばれる人々が南に逃亡し、先にも記したが、現在のタイ北部チェンセーンに王国を再建した。そして、先住のクメールやモン、ビルマ民族等と闘いながら、王都をチェンラーイ、チエンマーイと徐々に南へ移動させてきた。やがてアユタヤからバンコックに遷都し、一七八二年に現在の王国が成立した。

中国大陸南部から南へ移動しながら、絶えず戦いを繰り返してきたタイ王国の人々は、変化の激しい社会情勢を潜り抜けてきたので戦争の意味するところをよく知っており、外交術にたけている。そして、人々は大変おおらかで、図太く、優柔不断で複雑な生活文化を身につけている。

一方日本は、千年以上も国体が変わらず、ほぼ類似する民族が同じ所に住み続けている定住的信頼社会。そして列島内部の小競り合いはしてきたが、他民族との外交的な民族戦争を知らない単一民族

乗合バスの運転席横

に近い安定した国で、外交術が乏しい。そんな列島国に住み続けてきた日本人は、大変几帳面で細かく、信頼心や名誉を尊び、しかも変化することをあまり好まない単面的な生活文化を身につけているので、大陸の人々に比べると純朴である。

対照的な生活文化を身につけている両国の人々が、協力し合って経済活動をしている、結果的社会現象が、タイ国に日系の車や商品が多いことであり、対日感情が世界一良いことなのかもしれない。

そんなことを考えながら、嬉しくもあり、面映ゆくもある複雑な気持ちで、バスの揺れに身を任せ、窓外の光景を眺める。

この乗合バスは走り始めに、さも古い車のようにエンジンがガタガタと鳴り、少し走って加速がつくとコンコンコン……と鳴り、三～四十キロの速度になるとドドドド……と鳴る。クラッチは棒式のHクランクで古い。

五十歳代の人の良さそうな運転手は、安全に気をつけながらゆっくり走る。運転席の横には周囲を花で飾った仏画が安置されており、信心深いタイ人の典型のようでもある。日焼けした肌の浅黒い横顔は、何十年も運転してきた自信と誇りがうかがえる。

大きな皮製の金入れバッグを腹部につけている若い女性車掌が、乗客から運賃を徴収する。乗客は私以外はタイ人で、顔形は日本人のようだが、雰囲気がなんとなく田舎風で、しかも静かだ。車掌が四十バーツ（約百三十円）請求したので、紙幣でその分を払うと、黒色の蝦蟇口《がまぐち》のようなバッグの口をパクリと開けて中に入れた。

乗合バス車内と乗客

私は、こんな光景をどこかで見たことがあると思い、前の席からしばらく後を見渡しているうちに、五、六十年前の故郷を走っていた乗合バスを思い出した。

小学二〜三年生の時、学校の前の道に木炭車のバスが止まって、ガーガーと音高く炭火をおこしていた。止まっているバスの後に白い布製の肩掛けカバンを掛けて、興味本位に様子を見ていたのだが、いつの間にかバスが走り出した。驚いてバスを追っかけ、四、五百メートル先の次のバス停まで走り、やっとカバンを手にすることができ、心臓が破裂しそうな思いと、安堵感で路上に座りこんだことがあった。

その後、中学、高校時代には何度かバスに乗った。当時、「足摺岬」という映画があり、近くの足摺岬を回る乗合バスの、中年運転手や若い車掌の物語であった。その頃乗った乗合バスの光景や雰囲気によく似ているように思えた。人間は六十歳を過ぎると、幼児返りするそうだが、この旅の途中に何度も幼い頃の味噌汁やいわしの干物、バラ寿司などを思い出すことがあった。

バスは二車線道路の左側を三～四十キロの速さで走っているのだが、右側車線は日本のトヨタ、ニッサン、マツダ、ホンダ、ミツビシなどの新車が七、八十キロの速さで通り過ぎる。

道沿いには、古いタイ式の高床式の建物や新しい近代的な建物がある。日本と同じような田圃もあれば、タバコやヒマワリが植わった畑もある。なんだか、六、七十年前の日本と近代的な物がごちゃまぜにあり、過去と現代が同居しているようだし、バスの中は途中で何人かが乗ったり、下りたりしたが、満席なのに、子供のころの日本のように静かだ。

ドドドド……とエンジン音を響かせて走るバスに揺られながら、頭の中の脳が、懐かしいような振動を受けて、幼い頃の田舎を思い出していた。

若い頃から世界旅行をして、これまでの四十数年間に、世界百四十二カ国を探訪している。旅には慣れているのだが、中年後はほとんどが民族調査や本を書くための取材旅行で、今回のような陸路を何日間もかける旅は、もう二十五年以上もしていなかった。

このおんぼろバスに揺られながら外の光景を眺めているうちに、なんとなくいろいろなことが思い出され、科学的文明社会に埋もれていた自分が、こうしてバスに乗っている人たちと一緒になって、同じ方向に進んでいることが楽しく、若返ったように思われた。
バスは、一時間四十分後の十時十分頃に、メーサーイ郊外のバスターミナルに着いた。ここから国境まではまだ四、五キロあるので、小型四輪トラックタクシーに十バーツ払って乗り換えた。

タイの出入国門

タイ側の国境には十時半に着いた。驚いたことには、種種雑多な沢山の人がいた。皆ミャンマーに日帰りで買い物に行くタイ人や、外国からの旅行者だそうだ。ミャンマーのビザは取り難いのだが、私は日本で取得していた。しかし、ここで分かったことは、なくてもミャンマー側の国境の町タチレイへは一日入国許可で入れるので、タイ国内外の人がミャンマー側に行くために押し寄せているのだそうだ。

タイ側には大きな門があり、その中に国境事務所がある。パスポートを見せ、出国用のスタンプを押してもらった。国境のメーサーイ川に架かる橋の上で記念写真を撮った。橋を隔てて百メートルほど離れたミャンマー側の国境事務所に入る。移民係の中年の男性事務官が、ビザのあるパスポートを見て、入国用の申請書をくれた。それに必要事項を書き込んで渡すと、二〇一五年一月二十八日までの滞在許可を発行してくれ、無事にミャンマー入国を果たした。

三　ミャンマー北部の戦跡探訪

㈠ 東北部の活気

㈠ 国際都市タチレイ

十二月二十九日、国境のメーサーイ川にかかる幅五十メートルほどの橋を渡って、午前十時四十五分にミャンマー（ビルマ）に入国した。多くの国境を越したが、ここほど国境線がはっきりしている所はあまりない。僅か幅二十メートルほどのメーサーイ川だが、言葉や風習などが違う二つの国をすっきり区別しているし、誰が見ても国境の意味がよくわかる。

毎日大勢のミャンマー人が給料の良いタイ側に出稼ぎに行き、沢山のタイ人や外国の旅行者が物価の安いミャンマーのタチレイへ観光や買い物に訪れるので、国境は大変活気があり忙しい。

橋の袂《たもと》にある国境事務所を出ると、歩道が真直ぐに続いている。約百メートル進むと大きなロータリーから四方に道がある。右側の市場への道の方が広場になっており、三輪車のタクシー、サイカが数十台止まっている。その運転手たちが、次々とタイからやってくる客を呼び込んでいるので、大変賑やか。大半の客は日帰りなので、二～三時間の市内観光案内をする客引き。

大きな荷物とカメラバッグをもっている私には、ホテルを案内すると寄ってくる人が多い。ガイドブックを読んだだけであまり情報がなく、今夜の宿泊所はまだ決めていない。まず市内観光してからホテルを決めようと思っていた。二十代と思える人の良さそうな青年が、二百バーツ（タチレイは、タイのバーツが一般的に使われている）で案内すると言うので、彼の運転する車に乗った。

ラオスやタイにも多い、小型トラックや小型三輪のタクシーは、安いが乗り心地はあまりよくない。荷物を後部座席において、その隣に座る。運転手の青年が、特別注文がなければ、いつも案内するコースで行くが、それでよいかと言うので、任せることにした。

国境のメーサーイ川

十一時二十分頃から始まったタチレイの市内観光は、まず町中の大きなダイアナ寺院を訪れた。褐色の屋根に尖塔のある大きな寺の広場には輪タクが沢山止まっており、タイや欧米からの観光客が多く、読経も流れていた。東南アジアは何処へ行っても立派な寺があるので、もう見飽きてもいるが、二十分も見学した。

次には少し離れた丘の上の金色に輝く、パコラ（パコダ）。案内してくれた女性はパコラと言ったが、一般的にはパコダ（仏塔）なのでここではパコダと表記する。頼みもしないのに、中年の女性が案内についてくれた。しかし、英語ではなく、タイ語とミャンマー語交じりでよく理解できなかった。運転手は入口まで案内してくれるが、中には入らない。

床は大理石を敷き詰めているようで、ピカピカである。

靴は脱がされて素足で歩くのだが、乾季とは言え日中の日差しが強いので熱い。素足の彼女は慣れているのか、熱がる私を笑う。いつも靴下をはいているし靴なので、足の腹の皮膚が柔らかくなっているのか、なるべく日陰になるような所を歩いた。

大きなパコダの台座には、日曜から右回りの順にお祈りをする場所が決められていた。今日は月曜日なので、西側の月曜日と記されている所で参拝するように勧められ、両膝をついて手を合わせた。するど彼女は、この前で記念写真を撮るように勧め、自らがシャッターを押してくれた。

説明内容はよくわからないが、とにかく三十分近くも案内してくれ、最後に十枚つづりの絵葉書を勧められた。なんだか断るのも悪い気がして二百バーツで買った。正式の案内人ではないので、彼女の目的は絵葉書や土産物を売ることだった。他にも彼女のような老若男女がいた。

次には少々遠いが、少数民族の村〝PADON VILLAGE〟に案内すると言う。同じ値段なら少々遠くてもよいと伝える。

パコダの丘を下りて町を出ると、道は未舗装で凸凹が多い。行き交う車の巻き上げる砂埃《すなぼこり》を浴びる。上下左右に揺られながら、車はバタバタと音高く走る。

十数分もすると本当の田舎のような、林の中を走るので、どこか変な所へ連れていかれるのではと不安になり、警戒心を強めて周囲を見た。運転する青年の横顔がおだやかで、時々私を見る目がにこやかに笑む。悪い男ではあるまいと思っているうちに少数民族の村の入口に着いた。

木製の門があり、〝PADON VILLAGE〟と大きく書いてあった。入場料を百五十バーツ払って中に入った。私は民族研究家とも自称しているので、東南アジアの少数民族については多少の知識はある。しかし、どんな民族の村なのか、説明のないまま来たのだが、土産が売られている階段を上っていると、首長族と呼ばれるカリヤン族の女性が近づいてきたので驚かされた。こんな町の近くにカリヤン族がいるとは思わなかったので、予期していなかった。もう一つの民族は、ベトナム、ラオス、タイなどどこにでもいるアカ族。私は二〜四十年も前にタイ北部、チェンラーイ近くの丘にいるアカ族の村を二度訪れ、生活文化を踏査したことがあるので、アカ族に関しては本を著しているが、カリヤン族はまだ見たことがなかった。驚きと同時に嬉しくなって、首輪をして本当に首を長くした老婆を見つけ、質問したり撮影させてもらったりした。この観光村には一時間余り滞在し、彼らの歌や踊りを披露してもらった。

カリヤン族の娘

門の前で待っていた運転手は、長居した私を快く迎えてくれ、町に戻り、最後の場所タンマーヨン寺院を案内してくれた。しかし、寺院はもう見飽きてもいるので、すぐに出た。すでに三時間以上も経過しているので、最後のホテル捜し。それではと言うことで、寺の近くにある〝ニワショユギー〟漢字で〝仁徳為上〟と書くホテルに案内してくれた。

ダブルベッド、ホットシャワー、トイレ付きで八百バーツ。チェンラーイのホテルよりは劣るが、広いので居心地はよい。輪タクの運転手に時間オーバーでもあったので、お礼を兼ねて三百バーツ払ったら、彼は大変喜んで戻った。

ポットに入った熱湯をもらって緑茶を飲む。すでに時計は午後三時。しかし、ミャンマーはタイよりも三十分の時差があるので、二時半だった。

三時前にホテルを出た。二キロほど歩いて、国境近くの市場、バザールへ行った。タチレイの中心地であるバザールには、タイや欧米そのほかの国からの観光客でごった返していた。路上に並んだ露天の店は無数にあり、なんでも売っている。しかし、ここではミャンマーの貨幣チャットよりもタイの貨幣バーツやアメリカドルが流通しており、言葉も英語、タイ語、ミャンマー語、ヒンディー語が飛び交い、どこの国なのかわからなくなる。店では日本円は通用しなかったが、民間の外貨交換所ではバーツやチャットに交換できた。

バザールの客はほとんどが外国人だが、その大半がタイ人。タチレイでのバザールで小さな店を出して商売する人々もさまざまで、ビルマ族（バーマ）、シャン族、モン族、タイ系、インド系、アラブ系、バングラディッシュ系、中国系など多種多様な人がいる。宗教も仏教、ヒンズー教、イスラム教、キリスト教など、実に国際的な街である。

タイよりは少々物価が安いこともあって、多くの人が国境を越えて押しよせている。入国に関してはほかの国よりも厳しいミャンマー政府も、タイと接したこのタチレイだけは、早くから国境で一日から数日間ビザを発行して、外国人を受け入れていた。そんなこともあって、ミャンマーでは一番活気のある国際都市になっているのだが、入国ビザがない限り、タチレイの町から一歩も外に出ることはできない。

一時間半バザールを見ていた。その後急いでホテルに戻り、ホテルの雑用係の男に、オートバイでチャイントウン行きのバス発着場に案内してもらった。明朝八時半出発のチャイントウンへの切符を一万チャットで買うことができた。

㈡　中国に近い町チャイントウン

十二月三十日の朝、六時に起床した。いよいよ今日からミャンマー国内の旅行だ。ミャンマーにはこれまで三度訪れているが、中央部のマンダレー以南で、北の方への旅は初めて。特に今回は、かつてのビルマ戦争の北部における戦跡を訪ねることが一番の目的である。

ベッドの中でしばらく思考を繰り返し、これからの旅についていろいろ考えを巡らせたが、いい考えは浮かばなかった。

七時半にオートバイでバスセンターまで送ってもらった。まだ早いので、近くの通りに面した食堂で、朝食をし、八時に戻った。昨夕切符を貰っていたので一番前の席。バスは三菱ふそうなのだが、横腹になんと〝両備バス〟と日本語で大書した中古車。ミャンマーの大型バスは大半が日本の中古車

中古車の両備バス

で、日本語表記がそのまま残っている。なんでも、日本から船でベトナムに運び、そこからラオス、タイと横断して陸路ミャンマーに運ばれるのだそうで、乗用車なども日本製の中古車が実に多い。

日本の大型バスなので乗り心地は良い。私の隣の窓際には中国の江蘇省出身の中年の水道技師。彼は英語もミャンマー語も話さない。私とは片言の中国語と漢字を書いての会話。何でもタイ北部に滞在していたそうだが、中国へ帰るのだと言う。

タチレイから約百六十キロのチャイントウンまで四時間余り要するそうだが、バスは八時三十三分に出発した。道は舗装されているし、二車線なのでハイスピードで走る。出発して二十五分後の町はずれに、ストップの横棒があって止まる。町から外に出るチェックポイントで、係員が二人バス内に入ってゆっくりと確認するように見たが、別に個々をチェックすることはなかった。バスの切符を買う時、パスポートを見せ、ビザのあることを確認されているので、ここではパスポートチェックはなかった。十分ほど停車していたが、何もなかったのか再び発車した。

道の両側にはチークの木の並木があり、稲の切り株のある田園が続いている。曇りがちで空気は涼しく、摂氏二十度くらいの気温。道は車よりもオートバイが多く、二人乗りや三人乗りで走っている。ミャンマーは右側通行なのだが、日本は左側通行なので運転席が右側にある。そのため日本製のバスの出入り口が左側にあるので、乗り降りする時、気をつけないと危険だ。

九時過ぎから坂道になり、低い山の中を走る。谷間の田園風景は日本の田舎のようだ。台地は赤土のラテライトで、レンガ作りによい土。広くてのどかな田園が続き、九時四十五分に最初の町に着いた。ここから大きな山の中に入り、小さな農村が点在していた。

十時二十五分に高原のような感じがするモンピヤの町を通過し、少し進んだ郊外のサービスエリアで止まった。約三十分休憩し、十一時に出発した。

山の中の道はまがりくねっているが、しばらく川沿いを走る。日本製のバスでスプリングがよい。徐々に高地に向かっているようだ。十二時には高原の平地に出た。沿道の水田ではすでに田植えが始まっていた。十二時三十分にチェックポイントがあったが、車掌が飛び降り、素早く手続きをし、すぐに出発。もう大きな町の近くらしい雰囲気になった。

十二時四十五分、チャイントウン郊外のバスターミナルに着いた。英語を話す人がいたので、三十米ドルくらいで泊まれるホテルはないかと尋ねる。すると、英語の良く話せる別の中年の男がそばにやって来て、「私が外国人の泊まれる良いホテルを知っているので、オートバイで案内する」と言う。彼は奥さんと子供がいるので、小型トラックのタクシーに乗ってついて来いと言う。

壁に漢字の多い食堂

案内されたのは、中心街とも言える通りに面した〝Golden World Hotel〟であった。部屋は本館の三十米ドルと新しい別館の二十五ドルの二種があった。本館は古くて、部屋の中が暗いので、別館に二泊することにした。

ホテルには午後一時に着いたのだが、荷物を置いてすぐにホテルの事務員と話す。あまり英語が話せないが、なんとか通じたので、タウンジー行きのバスについて情報を求めた。しかし、直行便のバスはない。遠い所なのでよくわからないと言う。なんでも四百キロくらいあるそうで、一日では行けないし、道が悪いのでバスがないと言う。しかし、アジアハイウェイの一部になっている道なので、ないはずはないと思い、いろいろ尋ねたが、らちが明かないのでホテルの外に出た。

ホテルの隣にある食堂に入る。この店には壁に漢字が書いてある。そう言えば、漢字の看板もよく見かける。ここから中国との国境の町モングラまでは約八十キロ。車で三時間もあれば行けるそうなので、中国に最も近い大きな町である。食堂の客で、四十代の男二人は、中国語を話している。

ここで働いている人たちも一見中国系に見える。壁に漢字が書いてあるので、多分先祖か主人が雲南省の方からやって来たのだろう。

ここはシャン族の住むシャン州なのだが、シャン族はもともと南中国の方から南下した人々で、タイ族とほぼ同じ民族。たぶん古代の越系民族の系統なのだろう。

中国と言えば、今日の中華人民共和国のことだが、ここでは漢字を使う人々の代名詞のようなもので、中華人民共和国以前の人々を中国系と呼んでいる。ここの食堂の人々も中国系のようだ。

チャーハンとラーメンのようなスープ・ヌードルを食べたが、あまりおいしいとは思わなかった。チャイントウンは物理的には中国との国境に近く人々は漢字文化に親しんでいるようだが、食物の味や風俗習慣はすでにミャンマー風、いやシャン族風になっている。

南部のビルマ族を中核とするミャンマーの中央政府は、そのことを知っているようで、この町に、南部の出身者を沢山送り込んで、ミャンマー化を図っている。その人々は、ホテルの従業員や公務員軍人や警官、企業の従業員など、近代化に必要な人材でもある。

㈢ メイ　アイ　ヘルプ　ユーの警察

シャン州東部のチャイントウンは、なだらかな山岳地帯にあり、タイ北部と同類の文化圏の町で、二十万とも言われる人口の大半がシャン族。標高が七百八十七メートルもあるので、朝晩は涼しい。ノントウン湖を中心にできた小さな高原の町だが、高低差があり坂が多い。町中には仏教寺院が多く、丘の上にもある。しかし、ここはイギリス植民地時代の布教によるキリスト教徒もいるので、教会もある。

ホテルでもらった市内観光用の地図を頼りに歩く。まず、ホテル近くのマハーミャッ・ムニの寺院を見る。四差路のロータリーの中にある屋根は褐色で、壁は黄色の立派な寺院。丘の上のワット・ジョンカムを見た後、周囲の丘に囲まれた、低地のノントウン湖に下りた。周囲四キロくらいの小さな湖だが、湖畔には立派な住宅が立ち並んでいる。湖の水は青粉のような水垢が漂っているし、濁っているのでお世辞にもきれいとは言えないが、周囲の建物の色が映えて、美しい絵葉書のような光景。

湖畔を離れて独立記念碑の三差路に出た。その南側に〝MAY　I　HELP　YOU〟と壁に大書した警察署があった。英語で「何でも相談してください」と書いているので英語が話せる警官がいるのだろうと、門番にパスポートを見せて中に入った。

玄関に四十歳前後の警察官が立っていたので、「ハロー」と声を掛けて近づき、英語で話しかけたが、よく通じなかった。しかし、快く対応してくれ、片言の英語で何度も同じことを繰り返す。こちらは情報が欲しいので、何度も質問した。日本での会話は、聞く方が一を聞いて十を知れとばかりに

絵葉書のような湖畔の光景

聞く方に責任があるが、多言語の多文化社会では、十を話して一を知らせよとばかりに、話す方がわかるように何度も話すことが重要なのである。この警官も南から来たビルマ族で、ここは異郷の地なのだろう。

とにかく、ここチャイントウンから約四百キロ西のタウンジーの町までバスで行きたいのだが、可能かどうかを確かめたかった。日本の旅行会社では、このコースはゲリラが出没し、危険だから飛行機で飛ぶようにと言われていたのだが、なんとか陸路で西へ向かいたい。その情報を得たかったので警察署を訪れたのだが、詳しいことがわからない。ただ、彼が言うには、遠くて直行便のバスはないし、道が悪いので外国人は陸路ではいけないとのことだった。禁止しているのかと尋ねると禁止はしていないと言う。ゲリラが出没するのかと尋ねると、ゲリラは心配ないが、山坂が多く、道が悪いし、橋のない所が有ったりして危険なので外国人は飛行機を使っていくようにと勧める。

陸路の旅を予定していたので、思案した。しかし、誰に尋ねても直行便はないし、遠くて道が悪いので危険だと言う。何が何でもという冒険をする必要もないので、警官に、航空券はどこで買えるかと尋ねると、私が案内すると言って、自分の車で四~五分のマンダレー航空会社の事務所まで乗せてくれた。

お礼を言って車を下り、一階の事務所に入って、若い女性事務員に確かめると、飛行機は明日午後四時にマンダレー行きがあり、次は一月四日までないと言う。ここに二泊する予定だが、五日も滞在することはできない。仕方なく、明日十二月三十一日（水）の午後四時発のマンダレー行きの切符を百三十八米ドルで買った。

航空会社の事務所から外に出ると、先ほどから同じところに止めている車から警察官が身を乗り出すようにして笑っている。私を送ってくれた後、署に戻るものと思っていたが、ガラス窓越しに見えたのだが、まるで私がエアーチケットを買うのを見とどけるかのように、こちらを見ていた。なんだか強制されているような気もした。そのためだけではなかったが、切符を手にして外に出た私を、にこやかに迎えてくれ、車に乗るようにドアを開けてくれた。

「オーケー？」

彼は、したり顔で、確認するかのように声を掛けてきたので、オーケーと返した。

彼は切符を見て、自分のことのように喜んで、「よかった　よかった」とばかり、しきりに声を掛けてきた。そして、これから何処に行きたいのかと言う。

行き先を決めてなかったし道もよくわからないので、警察署まで戻ることにした。「ＭＡＹ　Ｉ　ＨＥＬＰ　ＹＯＵ」と大書した門前で降ろしてもらった。困ったことが有ったらご相談くださいと書いてあるとはいえ、親切なのか、おせっかいなのかはっきりしない警察官にお礼を言い、握手して別れた。夕暮れの街を眺めていると、何となく気持ちがよくなって、鼻歌交じりに歩いてホテルに戻った。そして事情を話し、二泊の予定だったが、一泊キャンセルした。その夜は、ノントウン湖の周辺を歩き、湖畔にあるレストラン兼バーで、チャーハンと焼肉、ビールを頼んで夕食をした。昼間は暖かかったが、夜は空気が冷えて肌寒かった。八時過ぎにホテルに戻り、ホットシャワーを使い、ベッドに潜り込んで仄暗い明りの下で日記を書いた。

㈣　多民族の集う市場

十二月三十一日、朝八時にシャン族の言葉で〝シャン・マーシェチジー〟と呼ばれるセントラルマーケットを訪れた。チャイントウンは二十万もの人が住んでいる町だが、朝の市場には周辺の山岳地帯から数万人ものいろいろな民族が集まると聞いていたので、なんとしても現場を見たいと思っていたのだが、訪れて見ると、噂に違わず多種多様な民族が集まった活気のある、大きな市場であった。

東南アジア諸国はどこの町の市場も活気があるが、特にチャイントウンの市場は、三百メートル四方くらいの広さに、大小さまざまの小屋や長屋のような家が並び、中に十字路があり、小さな通りには店が無数にあって、いろいろな姿形をした人がごった返していた。野菜や魚類、果物、肉や鳥などの生鮮食品から、嗜好品、加工品、雑貨、衣類、薬品、軽機械類、家庭用品等、人間以外はなんでも売られているようだ。

二～三十分かけて、一通り見て歩いた後、人通りの最も多い十字路の交差点に、朝の太陽を背にして立ち、行き交う人々、特にいろいろな民族の母親が乳児を運ぶ姿を撮影した。

母親たちの多くが、幅の広い一本の帯で子供を背負ったり、横腹の腰の上に載せて横抱きにするか、胸から腹の上に巻き付けている。民族の違いはあるが、だいたいこの三通りで乳児を帯で包んだり巻きつけて運んでいる。

身長が二メートルもある人から一四〇センチメートルの小さな人もいる。横綱のように肥っている人も、やせた人も中肥りの人もいる。色の白い人、黄褐色の人、黒い人、鼻の高い人、低い人、モデルにしたいようなスタイルのよい人、見ていると本当に多種なのであきることはない。

この町に最も多いシャン族にもいろいろある。彼らは自分たちのことを〝タイ〟と呼ぶのだが、TAI　LAIやTAI　NAYと言う中国系の人、TAI　LOIやTAI　LONと呼ばれる古くからシャン地方にいる人々、TAI　KHUNと呼ばれるチャイントウンで最も多いシャン族。TAI　KHUNの彼らはタイ国人と同系の人々、TAI　LONをジャンジーと呼ぶが、ジーとは大きい意味なので、同系でもタイ国系の人々を兄貴分とみなしているようだ。

その他にはアカ・ワ・ラワ・ヤオ・エン、そしてモンやバーマ（ビルマ）などの民族で、長年アジアの少数民族を踏査してきた私でも、これだけ多くの民族を同じ場所で、ほぼ同時に見ることはなかった。

四〜五十年前までは、これらの民族がお互いに住み分けて戦いが絶えなかったし、国民党の残党やシャン族とビルマ族政府軍とのゲリラ戦もあったが、南からやって来たビルマ人を中心とするミャンマー中央政府の武力や経済力、教育力によって、やっと統合され、今は風俗習慣、宗教を超えて市場に集まっている。この市場には、多民族、多文化、多宗教の社会の人々が、生きるためになす営みが凝縮されている。日本では見ることも感じることもできない、生きるための人間の複雑な営みが繰り広げられている現場は、戦場のような光景でもある。しかし、多民族が集まってこんなに平和で活気のある市場が開けることは幸せなことだ。

行き交う人々の中には、特に中国系と言われるエンと呼ばれる人々は、唇を赤くし、歯が黒くなっている人がいる。これは、シャン語で〝ビテル〟と呼ばれる植物の葉で、ココナツと〝トーフ〟と呼ばれる石灰、〝ナッセー〟と呼ばれる液体の様な物を包んで口の中に入れて噛む習慣があるからだが、一種の噛みタバコのようなもので、少々刺激がある。

周囲の山岳地帯から朝早くにやって来た人々は、午前十時半ごろにはほとんど帰ってしまうので、マーケットは活気をなくして、しぼんだ風船のような雰囲気になる。

私は十一時前から市場を出て、町が一望できる丘の上に上った。小さな仏塔のある見晴らしの良い所から、かつて日本軍も来たであろう町を眺めた。こんな山に囲まれた平和郷のような町で、生きるため、領土保持のため、物欲のため、権利主張のためなどの名目で戦ってた人間がいたことは、歴史上の事実で否定はできない。しかし、今は平和な町のたたずまいを見せている。遠い日本からやって来て平和郷のような町を眺めていると、なんだか楽しくなって、丘の上を歩き続け、隣の丘に立つ黄金色に輝く大きな仏像を見た。立上って右手で指差している仏像は珍しいが、近くの老人に聞くと、平和、悟りを示しているのだと言う。戦争の多かった多民族社会の平和を祈念する象徴的な仏像なのだろう。

その仏像の隣には、〝チャイントウン・カルチャー・ミュージアム〟があった。ここにはいろいろな民族の衣装を身につけたマネキンが展示されていた。館員が日本人は珍しいと言って、片言の英語で案内してくれたので、一時間も見学した。

この後、ノントウン湖を経てホテルに戻り、午後一時半に三輪タクシーで飛行場に向かった。そして、四時発のヘイホー経由マンダレー行きの飛行機に乗った。

(二) マンダレーの日本兵墓碑

(一) 古都マンダレー・大晦日の花火

二〇一四年十二月三十一日、ミャンマー東北の町チャイントウンからヘイホー経由で、午後五時三十五分に中央部にある大都市マンダレーの飛行場に着いた。

チャイントウンのホテルから予約しておいた、市内のユニバーサル・ホテルまで、一万二千チャット払ってタクシーを走らせた。もう暗くて何も見えないが、なんと一時間も要した。マンダレーはこれで三度目の訪問だが、以前は空港が近くにあって二〜三十分で着いたように記憶しているが、新しい空港は町から南へ四、五十キロの平原にできているそうで、ずいぶん時間がかかった。

旧マンダレーの街、右は1938年建築の建物

午後六時半すぎにホテルに着いたが、事務員に英語が通じなかったし、サービスが悪かった。が、予約していたのですぐに対応してくれ、十階の一〇三号室に案内された。

四十米ドルでツインベッドの部屋は広く、ホットシャワー・トイレ・冷蔵庫付きでテレビもあって感じが良いので、ここに二泊することにした。

ホットシャワーを浴びて少し休憩し、八時から街に出た。どこかで夕食をと思って歩いたが、街は暗くて近くにレストランのような店はなかった。しかし、露頭で食物を売る店はある。あまり衛生的ではなかったが、仕方なく街頭の露店の小さな椅子に座ってインド料理を食べた。そのうち、片言の日本語を話す、頭にターバンを巻いたシーク教徒で初老のインド人がやって来た。彼は日本系の会社で働いたことがあると、自分勝手に英語と日本語交じりで話す。食後にお茶を飲みながらしばらく話した後で、日本円三千円を米ドルに交換してくれと言う。目的はこれだったのかと思いつつ、二十五米ドルで交換してやった。

十時前にホテルに戻ると、携帯電話が鳴った。日本からで、東京学芸大学の杉森教授がＮＨＫの紅白歌合戦がもうトリになっているという。大晦日であったことを思い出し、テレビをつけると中国系の大晦日番組を放送していた。それにしても、このホテルは中国系なのか、ミャンマーの番組ではなく、北京や広東、雲南省等からの放送ばかりだ。

冷蔵庫にあったビールを飲みながら、しばらくテレビ放送を見ていると、外で花火の音がし始めた。日本とは二時間半の時差で、十一時四十五分から盛んに花火が鳴った。十階の窓を開けて外を見ると、暗い夜空のあちこちに花火が打ち上げられていた。零時には四方から花火が上った。

ここはミャンマー中央部の古都マンダレーなのだが、花火が多いということは中国系の人が多いことになる。マンダレーの人口は約百万人だそうだが、その三分の一が中国系だと言われている。中国大陸の人々は古くから大晦日の夜中に悪霊払いに爆竹を鳴らす習慣があった。その風習が伝統となって、中国系の人はどこに住んでいても、新年を迎えるための魔除けとして爆竹を鳴らしていたが、今では花火を打ち上げる。

ここで少しマンダレーの歴史について触れておかないと、なぜ中国系が多いのかが理解できないだろう。

一八五七年、ビルマ族ミンドン王によって建設されたマンダレーは、ミャンマー最後の王都として栄えた。マンダレー周辺には、インワ・ザガイン・アマラプラなど、シャン族やビルマ族、モン族などの王朝の都があった。現在、ミャンマーと呼ばれる地域は、シャン族やビルマ族、モン族、カレン族など、多くの民族が居住しており、時代によってそれぞれの王国が建国されていた。

一八〇〇年代当時、ヨーロッパ諸国によるアジアの植民地化が進行しており、イギリスは、インドを拠点として東方のミャンマーへの侵略を始めていた。そして一八五二年には南のラングーン（現ヤンゴン）を占領し、次第に北へと占領地を広げた。外交手腕のあったミンドン王が一八七八年に没すると、その息子ティーボー王が即位したが、イギリスの侵略によって、一八八五年にはマンダレーが占領され、ミャンマーはイギリスの植民地になった。そして、南のラングーンが首都になって、マンダレーは次第にさびれた。何より、イギリスはビルマの支配に華僑とインド人を使ったので、マンダレーには華僑が多かった。

その半世紀後の一九三七（昭和十二）年から日中戦争（日支事変）を始めた日本は、首都を南京から重慶に移した蔣介石が率いる中国国民党軍との戦いを、中国南部にまで拡大し、南京や香港、広東までも侵略した。そして、一九四〇年六月にヨーロッパ大陸におけるドイツ軍のパリ占領によって、フランスの植民地インドシナ半島のベトナム、ラオス、カンボジアが領主国を失い、弱体化したことによって、同年九月に日本軍が進出し、統治するようになった。日本は一九四一年十二月、アメリカとの開戦によって、太平洋全域で戦争することにもなった。

一九四二年一月には、日本軍がインドシナ半島からタイ国を経て、ミャンマー南部に侵入し、やがて主都であったラングーン、現ヤンゴンを三月には支配下に置いた。

そんな折、アメリカ、イギリスは蒋介石の重慶軍と組んで、日本軍に対抗していた。その重慶軍は、イギリス、アメリカと協力して、ビルマ北部のラーショーから雲南省昆明に通じるビルマ公路を守るため、ミャンマー北部や中央部のマンダレーまで南下していた。

先にも記した伊藤正徳著、「帝国陸軍の最後」の第六章、ビルマ平定戦には次のように書かれている。

「〝大東亜戦争〟を全うするためには、是非ともこの地域を掌握しておかねばならない戦略上の理由があった。

第一には米英支の連合軍が、日本軍を逆襲して南支那海に追い落とす陸上の根拠地がビルマであったからだ。第二には、仏印ルートが遮断された後、重慶に対する米英の援助物資は悉くビルマを通して自由に行われていたのみならず、支那軍を近代化するための米軍将校及び戦闘単位も、続々と此の地を通って行われていたからだ。

第三の理由は、機を見てインドに働きかけ、英印関係に鉄の楔を打ち込んで英国の戦力を減却すると同時に、大東亜有色人種の結合体にインドを迎え入れる工作を行うためには、之をビルマより試みるのを地理的当然とする関係がある。

中略

遡ってビルマ征定の第一線が、一九四二年一月十九日、沖中佐の支隊によってタボイ市（最南端の商港）で戦われた時、意外にもビルマ兵の小隊が、日の丸の旗をかざして我が軍に投じ来るのに驚いた。それが、各地で建設中の「ビルマ独立義勇軍」の一部であった。

ビルマ独立の志士バー・モウ博士の名は、インドのチャンドラ・ボーズ、蘭印のスカルノ等と共に夙に我が国にも知られていたが、我が軍は有能なビルマ人三十人（筆者注・後に将軍となるアウンサンやネウィン等）を海南島に集め、半年に亙って激しい軍事教練を施していた。部隊指揮官としての能力を備えさせる為の訓練であった。

開戦と同時に、彼らは各々その郷里に急行し、適格の青年を集めて応急の兵団組織を開始したが、それは激しい反英感情と、日本の緒戦大勝利の事実とに促されて、急速に発展し、既に早くも、沖支隊の北進に道案内を勤め、糧食の補給に助力して、そのモールメン攻撃に支隊の一役を果たしたのであった。

中略

それら多数の小隊が、三月二十五日にラングーン市に集結し、市内の競馬場において閲兵式を挙げた時は、ラングーン全市は歓迎の叫びに沸き返った。そうして其の歓びの根底は、東亜の盟主日本が、暴君イギリスを追い払って、ビルマの独立を助けに来たという「聖戦」に対する感激に外ならなかった。

中略
独立義勇軍の結成のほかに、殆ど凡てのビルマ人が日本軍の侵入を歓迎し、道案内に、飲料水の寄贈に、米の供給に、心から協力する一方、英国兵と支那兵に悉く背を見せる態度に出たことは、我軍が、一千五百万人（ビルマ民族の人口）の味方を得たに等しい強みを持つことになった」。

日本軍は、ビルマ独立義勇軍の協力も得て、一九四二年四月にはマンダレー付近に進出し、蒋介石率いる重慶軍と戦い、五月初めにはマンダレーを占拠した。重慶軍はマンダレーから北に向かって脱出する時、火をつけて町を焼き払った。その後、日本軍がマンダレーに駐留していた。

しかし、一九四四年七月には、日本軍はビルマ西北におけるインパール作戦に失敗して、徐々に後退し、その年の秋にはマンダレーから南に脱出した。そして、イギリス、アメリカ軍と共に重慶軍も再びマンダレー近辺まで南下してきた。

一九四五年八月に日本の敗戦によって戦争が終わり、イギリスが再びビルマを植民地化していたが、日本軍と共に戦っていたビルマ独立義勇軍（最後には日本軍に反旗を翻した）は残存していた。その後、ビルマ独立軍の反英運動によって、一九四八年にビルマが独立すると、重慶軍は北に引き上げたが、多くの兵士や軍について南下していた人や華僑がマンダレーなど、ミャンマー北部に居残った。何より、一九四九年には共産党による中華人民共和国が建国されたので、台湾に移動した国民党の残留兵は帰郷できなくなったこともあり、マンダレーやシャン州、カチン州等には国民党の残留兵や中国系の人々が多く住んでいる。そして、彼らは、現地の女性と結婚したので、今では二世、三世になっている。

マンダレーにはイギリスとともにやって来たインド系のヒンズー教徒も多い。それにイギリスによって布教されたキリスト教徒のシャン族系、仏教徒のビルマ族系、イスラム教徒であるバングラディッシュ系などもいるので、多民族、多宗教、多文化の人口百万を超す、ミャンマー第二の大都会が今日のマンダレーなのである。

かつてはビルマ王国の首府であったマンダレーで、大晦日の午前一時過ぎまで中国からのテレビ番組を観ていた。

(二) マンダレー・ヒルの墓碑

二〇一五年の元旦は、午前六時半に起床し、初日の出を見ようとしたのだが、東の方には雲があって見られなかった。

八時から一階の食堂で朝食をした。泊まっている客はほとんど中国系または中国人。食事も言葉も中国系で、英語は通じなかった。係員のサービス、対応も悪く、ホテルの雰囲気がなんとなく暗いので、あまり気持ちがよくなかった。

今日は新暦の元旦だが、ミャンマーは仏教国で、正月はミャンマー暦によるのでまだ新年ではない。ましてや中国系は旧暦である。会社は通常通り営業しているらしいので、朝食後、歩いて十分ほどにある国内旅行の代理店を訪ねた。

ミャンマー北部のカチン州の州都ミッチーナーに飛行機で行くことにしていたので、事務員の女性に尋ねた。幸いにも、彼女の協力で明日、一月二日の午後に出発して、一月五日の夕方にマンダレーに戻る往復の切符が二七〇米ドルで買えた。事務員から、ミッチーナーのことやインドの領事館の件やミャンマー西北部のこと、宿泊所のことなどいろいろな情報を得た。インドの領事館に関することは何も知らなかったが、すぐ近くに外国人用の〝シルバー・スター・ホテル〟ができたことを知らせてくれた。帰りに立ち寄ってみると、スタッフには英語が通じ、部屋も明るくきれいで、朝食もバイキング形式であり、一泊四十米ドルだと言う。とすると、ユニバーサル・ホテルよりもこちらの方がよいし、情報も手に入りやすいので、急遽変更することにした。

ユニバーサル・ホテルに戻り、事情を話して一泊キャンセルしたのだが、言葉がよく通じなくて、客も中国系ばかりだったので、承諾してくれ、荷物をまとめて百メートル先のシルバー・スター・ホテルに移って六階の六〇七号室に入った。

ホテルの事務員の協力で、午前十一時過ぎから五、六キロ離れたマンダレー・ヒルまでサイケ（オートバイタクシー）を雇って行く。マンダレー・ヒルには観光で訪れたことはあったが、頂上近くに日本兵の墓碑が建立されているそうなので、再度訪れた。

ヒルの入口には大きな二頭のライオン像があった。これを〝チンテー・ギー・ナッカウン〟と呼んでいる。チンテーはライオン、ギーは大きい、ナッカウンは二つを意味するそうだ。

階段の入口で靴を預け、十二時過ぎから素足で階段を上った。マンダレー・ヒルは全山が仏教の聖地になっており、有名な観光地で人が多いのだが、階段を上っても上っても果てしなく続く。一千以上もの階段が続いているそうだが、一気には上れないので、休み休み上った。行けども行けどもなかなか行き着けなくて、しばらく上っていると急な階段を上った頂上近くに林があった。頂上近くに日本兵の墓碑があると聞いていたので、それを見るためにやって来たのだが、なかなか場所がわからず、ここで土産物を売っていた老人に尋ねると、すぐ近くにあると案内してくれた。

林の中に白い大きな墓碑があり、花が手向けられていた。その正面には次のように大書されていた。

「緬甸方面彼我戦没諸精霊」

マンダレーヒルの石碑

そして、その裏面には、〝ミャンマーで戦没された日本、ミャンマー、英国すべての人々が怨親平等に安らかに永遠の眠りにつかれることを祈ります〟と記されており、横面には〝二〇〇二年二月吉日建之、南太平洋友好協会〟とあった。

私は、彼に頼んで線香を買ってもらい、火を付けて置き、手を合わせた。

ミャンマー北部の旅の大きな目的は、七十数年前にビルマで繰り広げられた日本軍の戦跡と、今も現地に眠っている日本兵戦没者や戦跡を探査することである。

その最初に訪れたのが、ミャンマー中央部のマンダレー・ヒル頂上近くにあるこの墓碑だった。

「ご苦労様でした。日本から来ましたよ。日本は平和で、安全で、豊かな国になっています。どうかご安心ください。」

ここは戦没地ではなく、墓地でもないのだが、生き残った戦友たちの熱い思いが込められた慰霊の場所なので、手を合わせているうちに、脳裏に走馬灯のように回る、四、五歳頃の兵隊さんの姿を思い出した。

私は四国西部の高知県宿毛市の生まれ。昭和二十年五月頃、本土決戦とかで宿毛湾のどん詰まりにある、田ノ浦地区にも軍隊が駐屯していた。我が家にも兵隊がよく来ていた。若い兵隊さんが暇な時には一緒に遊んでくれたり、鉄砲を持たせてくれたり、ハーモニカを吹いてくれたり、いろいろなことを話してくれた。大変楽しかったのだが、ある日から突然に兵隊がいなくなった。理由もわからず、淋しい思いをし、近くの山にある横穴式の壕の入口に何度も立った。兵隊さんたちがいる時には少しも怖くなかったのに、いなくなると、暗い壕の入口が怖くて、中に入ることができなかった。小学校に入学してからも通学に壕の前を通ったが、怖くていつも走って通りすぎた。

家に来ていた兵隊さんたちは、どこへ行ったのだろう。どうしたのだろう。壕の前を通るたびにそんな思いをしたのだが、ミャンマーのマンダレーの大平原の見渡せる丘の上の墓碑の前で、幼い頃の兵隊さんを思い出し、懐かしさもあり、淋しさもあり、悲しさもあり、何が何だかはっきりしない思いがこみ上げてきて、熱いものが頬を伝って人地に落ちた。

「ありがとう、安らかにお眠りください」

今の私に言えることは、それしかなかった。

世話してくれた老人にお礼をし、さらに階段を上って頂上に立った。広い広い果てしもなく広がる平原を見下ろしながら、樹木の少ない褐色の大地がむき出しになったこんな所で、しゃにむに戦って亡くなられたのかと、今さらのように感じ入って、一時間も頂上に止まった。

(三)　北端の戦跡と踊る祭典

(一)　北端の町ミッチーナー

二〇一五（平成二十七）年一月二日、マンダレーは晴れて、六時半ごろには太陽が昇った。朝食後九時二十分に中央郵便局を訪れた。昨夜日本に十数枚の年賀状を書いたので投函しようとしたが、九時半まで開かなかった。九時半に開きはしたが係員が出勤していなかった。十一の窓口があるのだが三つの窓口にしか人はいない。担当窓口の出勤を待っていると、五分、七分と遅れて徐々に出勤していた。五番窓口の切手を売る係の三十歳くらいの女性はなんと十分遅れて出勤した。いつものことなのだろうが、十分過ぎても職員のほとんどがまだ出勤していない。日本では考えられない出勤態度だ日本まで葉書一枚が五百チャット（五十円）で出した後、王宮の堀に沿って歩き、マンダレー駅を見た。立派な駅ビルは二〇〇一年六月にオープンしたそうで、東側の駅前には大きなロータリーがあり、近代的なビルが立ち並んでいた。

駅の西側は、古くからの商店街で、交通量も多く、中級のホテルが集中している。私が泊まっているシルバー・スター・ホテルは、西側の八十三番通りと二十七番街の角にあった。駅からサイカ（三輪タクシー）に乗って午前十一時にホテルに戻った。そして十二時にチェックアウトして、タクシーを一万二千チャットでチャーターして空港まで走らせた。

ミャンマー北端カチン州の州都、ミッチーナー行きの飛行機に乗るために午後一時にチェックインをした。空港内でサンドイッチの昼食を取り、午後一時半からゲイト六番の待合室で待った。

ミャンマーは多民族、多宗教の国でいろいろな人がいる上に、欧米からの客も多いので、肌の色が黒、白、黄色なんていうよりも、衣服がまちまちで、とにかく色も形も多種多様な人が座って待っている。

出発時間の二時四十分になっても何の報せもないので、係員に尋ねたら、まだ出発しないと言うだけで説明がない。三時になっても、三時半になっても何の説明もないので、何度も尋ねた。待っていた人の群は次々にゲイトに入って行くのだが、私の飛行機はまだ来ない。誰が係員かもはっきりわからないまま不安な気持ちで待ち続けた。

午後三時四十分、やっとのことでＡＩＲ　ＫＢＺ会社のミッチーナー行きの飛行機が飛来して搭乗することができ、三時五十五分に飛び発った。

眼下の大地は十五分くらい平原が続いたが、その後は山また山であった。四時四十三分に大きな川（たぶんエーヤワディー川）を横切り、平原に出た。飛行機は徐々に降下し、平原には緑が多く、農業地帯が続く。再び川が見え、大きな船が航行している。海から千キロ以上もあるこんな奥地の平原の川に、大きな船が航行しているのが不思議なのだが、大陸の川はやはり大きくて長い。などと窓越しに見入っていると、午後五時に着陸した。

ミャンマーは日本の一・七倍も広い大国なので、航空便が発達している。マンダレーから四百二十キロも北にある北端の町、ミッチーナーの空港の施設は思っていたより大きくて立派である。案内に従って空港内に入ると、外国人はパスポートチェックがあった。私の前にオーストリアの若い夫婦がいた。夫の方が英語をよく話したので、情報交換をした。彼らは今夜泊まる宿をまだ決めていないと言う。私は、マンダレーのシルバー・スター・ホテルから〝シン・ジャン・ホテル〟に電話予約をしていたので、彼らは私に同行することになった。

空港から町までのタクシーが一万チャットの所、三人で九千チャットにし、荷物を受け取るまで三十分も待たされたが、その後すぐに車を走らせた。

ミッチーナーの人口は約三十万人だそうなので、かなり大きな町のようだ。緑の多い静かな町だと聞いていたが、夕方であったせいか車が多く、人出も多くて活気はあるが、街の整備がまだされていないので雑然としている。

もう暗くなりかけていたので、どこをどのように走っているのかよくわからなかったが、町中の細い道を通って、シン・ジャン・ホテルに着いたのは六時前だった。看板にはなんと〝興先賓館〟と漢字が大書されていた。

オーストリアの夫婦もここに一泊三十米ドルで二日間泊まれることになったが、予約をしていた私の方に問題があった。それは、一月五日から一年に一度のカチン州の踊る祭典〝マナウ〟が開催され、全州から沢山の人がミッチーナーに来るので、一月四日の夜は部屋が取れず、二日と三日の二泊しかできないことだった。私はここに三泊して、五日の午後の飛行機でマンダレーに帰る予定になっている。

ホテルの事務員たちはあまり英語が通じない。なんとか四日の夜も泊まれるように何度も交渉していると、ホテルのオーナーの娘だという日本人のような、三十代のふくよかな顔をした体格のよい女性が出てきた。彼女はにこやかな表情で返答するが、あまりよい答えではなく、町から祭りの関係者以外を泊めてはいけないと告げられているのだと言う。

私は、明日から二日間七十数年前にここで戦死した日本兵の墓碑や記念碑を調べるために来たので、なんとしても三泊しないといけないし、五日の飛行機の切符も買っているので協力して欲しいと交渉していると、分かりましたと言って、数か所に電話をしてくれた。三十分後にやっとＯＫが出て、このホテルに三泊することができるし、明日からの英語の通訳兼ガイドも捜してくれることにもなった。

ミャンマー北部のホテルは大半が中国系の人が経営しているせいか、料金はチャットではなくアメリカドルしか受け取らない。このホテルもそうだし、客も我々三人以外はほとんど中国人または中国系である。ミッチーナーで外国人が泊まれるホテルは限定されているのだが、ここでの外国人とは中国人のことのようで、欧米や日本人客はほとんどいない。

朝食付きで一泊三十米ドルの部屋は、三階の三〇六号室。ツインベッドの部屋は広く、ホットシャワー、トイレ付きでゆったりしている。

午後七時半ごろ街に出たが、街灯があまりない。何より町全体に明かりが少ないので暗い。本道を北の方へ二〜三百メートル歩いた街頭に店があった。小さな明かりの下で煮物と飯を頼んだ。しかし、暗いので何を食べているのかよくわからなかった。やはり食物は目で見て食べないことには、舌だけの感覚では十分に味わうことができない。

途中から隣に座って食事をしていた若い三人娘が、言葉が通じない日本人だとわかるとまるでスターにでも会ったかのように喜んでよく笑う。日本人は初めてだとか、日本に行ってみたいなどと、言葉が通じないことなど少しも気にしないで、現地語で楽し気に話す。私は、長い間の民族調査で、言葉の通じない人々と会話することに、普通の日本人よりは慣れているので、彼女たちが何を伝えようとしているかは、だいたいわかった。こっちも日本語で同じことを何回もわかるまで話す。

日本では、一を聞いて十を知る聞き方の理解力を要求されるが、日本以外の国で言葉の違う人々が話すには、十を話して一を理解させようとするので、何度でも同じことを話し、話し手の方の努力工夫が必要なのである。

彼女たちとの雑談のおかげで、夕食しながら四、五十分楽しい時を過ごした。しかし、何を食べどんな味だったのか少しも覚えていない。ただ二千チャット払ったことだけは覚えている。

午後九時前にホテルに戻り、ホットシャワーを浴びて椅子に座ってゆったりした。そして、日本で調べていた情報を思い出しながら、ミャンマー北端の町ミッチーナーまで来たことを実感し、七十数年前に日本兵の多くがここで戦死したことについて考えた。

第二次世界大戦、日本での大東亜戦争中の一九四二年四月末に、ラーシヨーが日本軍によって占領され、マンダレーからラーシヨーを経て中国の雲南省まで物資を輸送する、ビルマロード（ビルマ公路）と呼ばれる補給路が使用できなくなった米英連合軍は、蒋介石の率いる国民党軍を支援する新しい補給路を確保するため、インド東北部のアッサム州北部のリドから雲南省までを結ぶリドロード（リド公路）の建設を急いだ。その途中の要衝となったのがここミッチーナーであった。

そのことに気付いた日本軍は、やがてミッチーナーまで進撃し、一時は占領した。しかし、連合軍にとっては要衝のミッチーナーを守ることが重要なので、日本軍の数十倍の兵力で反撃し、相方に多くの戦死者が出た。

日本軍は北西部のインド東北部進攻のインパール作戦が行き詰まって、一九四四年七月には中止命令が出て後退した。しかし、北部の町ミッチーナーにおいては、ミッチーナー守備隊の援軍として派遣された水上源蔵少将の部隊は英米軍に包囲されていた。それにもかかわらず参謀本部からミッチーナーを死守するように命令が出されていた。

一九四四年八月、ミッチーナー守備隊の最高司令官、水上源蔵少将は、なんとしても死守せよと玉砕を求められていたが、部下を慮《おもんぱか》り、全軍にミッチーナーからの退去命令を出し、自らは軍命令に違反した責任を取って、八月三日に自決し、この地での白熱した戦闘は終わった。

水上源蔵少将の自決によって生き延び、日本まで帰ることのできた元兵士や、ここでの戦死者の多くの遺族が、その後この地を訪れて慰霊の寺院や碑、塔を建立している。

私は、その痕跡を確認し、この地に眠る帰らざる者たちの霊に、今日の豊かで平和な日本の恩恵を受けている者の一人として、深い哀悼の意を捧げるためにやって来た。

しかし、現地の情報は少なく、通訳もガイドも決まっていないので、何処へ、どのようにして行けばよいのかも知れない不安と、世界中を旅して慣れていることもあり、なんとかなるだろうと、拾鉢《すてばち》な気持ちがない交ぜに迫ってくる。

なかなか寝つかれないので、マンダレーの空港で買って来たジョニー・ウォーカー黒ラベルのウイスキーをあおってベッドに入った。

二　水上源蔵少将の自死と生存者の追悼

一月三日は、七時前に山から太陽が昇った。七時十五分から食パン、バター、ジャム、そして二個の卵焼きとバナナ一本が朝食であった。客は十人いたが、全員中国人であり、大声の会話がうるさかった。全員がタバコをふかし、中国人特有の遠慮会釈のない態度には、わかってはいるがなじめない。何となく雰囲気が違うので食後すぐに席を立った。

朝食の後、通訳兼ガイドが決まったということだったので、約束の八時半に一階のロビーに下りると、中年の男が待っていた。

ラー・ターウンという四十歳の男は、政府公認の通訳兼ガイドだと、身分証明書のようなカードを見せて自己紹介した。なんでもホテルのオーナーの娘から電話があってやって来たと言う。彼はプライベートの英語教室を開いているので、午後四時から六時までは生徒に英語を教えているのだそうだ。一般的にここでのガイド料は一日二十米ドルだが、私は一人だし、三時半頃までしか案内できないので、一日十五米ドルでよいと言う。そこで、五日（月曜日）昼過ぎまでの二日半で四十米ドル払うことにした。

ロビーで彼とこれからの予定を話し合った。私がどうしても訪ねたいのは、日本人の寄贈したスータ・ウンビー・パヤ、そして時計塔、それに水上源蔵少将が自決したと言われているノンタロー村の三カ所。彼はノンタロー村については知らなかったが、他の二カ所はよく知っていた。

彼の計画で、今日一日で三カ所と民族博物館を見て、明日は近辺の村を訪ね、三日目の午前中はカチン州の各部族が集って踊る祭〝マナウ〟を見ることになった。

それではということで、まずノンタロー村を探すことになり、九時過ぎ、ホテルから二〜三百メートル北の通りにある朝の市場を歩いた。エーヤワディー川近くの市場は大変な人出で賑わっていたがどこも同じ雰囲気なので三十分で切り上げ、川の岸辺に出た。

墓標のあとのスイカ

ミッチーナーはミャンマーを縦貫して流れる大川、エーヤワディー川のほとりにできた町。ちなみに〝ミッ〟は川、〝チー〟は大きい、〝ナー〟はほとりを意味するそうで、〝ミッチーナー〟とは〝大きな川のほとり〟を意味する地名である。
ラー・ターウンさんが人に尋ねて分かったことは、ノンタロー村はエーヤワディー川対岸の三角州の島にあったというので、エンジン付きの小船を五、〇〇〇チャットで雇って渡った。
案内兼船主は、チッソーという四七歳の小男で、日本人の墓があったことを知っていた。彼の案内で砂地の上を歩いた。今は乾季なのだが、六月以降の雨季には、この島の半分が水没するそうだ。両側に西瓜や冬瓜などが植えられている砂地の上の小道を四〜五〇〇メートル歩いて、平地に一軒の小屋のある所に着いた。彼によると、ここに日本人墓地があったという。しかし、今は何もない砂地で西瓜が植えられている。

小屋に住む二十三歳の女性スイウーさんがやってきた。彼女はこの地に生まれ育ち、ここにお墓があったことも、後日日本人が墓参に来たことも見知っていた。しかも、五、六十年前までは、数百人が住む大きな村があり、木も生えていたそうである。当時はここから百メートルほど東北を流れている川は、幅数十メートルの小さな川であったが、毎年変化し、今では二百メートルもの川幅になっている。その川のはるかかなたに見える山の向こうは中国だと、ラー・ターウンさんが教えてくれた。

墓参に来た時の鎮魂碑

二〇〇四年一月には十数人の日本人が来て、この地に一九九七年十一月に建てられた木製の鎮魂標に参って帰ったそうだが、彼女はそれをそばで見ていたと言う。しかし、二〇〇四年七～八月に起った大洪水で、ノンタロー村の全てが跡形もなく押し流されてしまい、村は東北の対岸に移って、今は何もないのだそうだ。洪水は十五年毎ぐらいに起きるのだそうだが、その時の洪水はこれまでにはなかった大規模なものだったそうだ。

彼女は七年前に、同じ村のアウン・タイ（一八歳）さんと結婚し、六歳と二歳の二人の息子がいる。そして、乾季だけここに来て、元の場所に簡単な小屋を建てて住み、十一月に西瓜や冬瓜などの種を蒔き、二～三月に収穫すると、新しいノンタロー村に帰る。今では雨季にこの三角州の島（幅七～八百メートル、長さ四キロ余り）に住む者は誰もいないそうだ。

水上源蔵少将は、一人で対岸のミッチーナーからボートでこの島に渡り、ノンタロー村で自決したとされているが、その村も後日建立された墓標も今はない。墓があった場所には西瓜が植えられて、小さな実をつけていた。七十一年の歳月が流れ、環境は変わっているが、大地には西瓜がしっかりと根を張っている。私はその地にかがんで手をやって黙祷し、安らかにお休み下さいと口ずさんで立ち上がった。

水上源蔵少将の退却命令で生き残った兵士の多くが、戦後日本の復興に命を捧げてくれたことだろう。そして、ここで死線を超えた兵士と同じような体験をした日本人たちが、負けじ魂で戦後の日本の基礎を作り上げてくれたことは間違いない。

私は、一九六四（昭和三十九）年以後の世界一周旅行中に、戦争体験者や戦禍を潜り抜けてきた多くの日本男児に会った。当時四～五十代の働き盛りの男たちが、アジアやアフリカの秘境のような所にまで入り込んで、言葉もよく通じないのに、体を張って誠心誠意に日本商品を売り歩いていた。

「売り払わないと日本には帰れない」

「私が売らないと会社が倒産する」

「日本のために頑張らなきゃ」

「一度死んだ人間だ、命など欲しくはないが、金がほしい」

「日本の商品は何処の国の物よりも優れているよ、決して負けない」

「戦争には負けたが、商売には負けん」

「日本は必ず復興する、させるよ」

死線をくぐりぬけて負けじ魂で、世界の各地で日本の商品を売る男たちは、俺が売らなきゃ、俺が頑張らなきゃの意気込みで、日本人の作る製品を信じて、言葉の弊害など乗り越えて頑張っていた。

私は、彼らに何度も助けられ、励まされた。彼らもまた、若い私が世界旅行をしていることに驚き、喜んでくれ、おれも負けないぞう、等と力んで見せてくれた。

「日本を良くしよう。俺たちが頑張れば良くなるよ」

彼らは、日本人がまだ珍しかった世界の各地で、私と別れる時、自らを励ますように、力強く言って、手を振ってくれた。

私には、彼らの冒険心と努力心、行動力、そして祖国日本を思う気持ちを忘れることはできない。彼らこそ、戦後日本を救った英雄なのだ。

荒れ果てた戦後の大地のように何もない、殺風景な砂地の上を歩きながら、ここで自決した水上さんや、その部下であった兵士たちの姿を、世界各地で会った我武者羅《がむしゃら》に働いていた男たちに重ね、よくやってくれましたね、ありがとう、ありがとうと叫びたい気持に駆られた。

ミッチーナーに戻って市場を通り抜けて駅に着いた。見るからに古そうな駅で線路も建物も古びていた。日本軍が駐屯していた七十数年前と同じ建物のようだが、破壊されずに残ったのだろうか。そんな思いをしながら駅前通りを歩いていると、現地語で〝コッコ〟と呼ばれる幹回りが三〜四メートルもある巨木が並んでいた。ラー・ターウンさんはユーカリの一種だと説明してくれたが、ニセアカシア（ハリエンジュ）のように思えた。高木で葉を近くで見ることはできなかったが、この木は百年以上もこの地に生え続けているのだろう。そうすれば、日本の兵隊たちもきっとこの木を見たことだろう。「アカシアの木は知っている」なんて言えば、ロマンティックに感じるが、もしかすると、雨、霰とやってくる弾雨に晒されていたのかもしれないし、この木の下で戦死した兵士がいたのかもしれない。

慰霊碑としての時計塔

この後、サイカで町の北西の方にある時計塔を見に行った。大きな通りの十字路に、緑色の高さ十数メートルほどの四本の足で支えられた塔があり、その上の四面に大きな円い時計が設置されていた。ここを通る人は誰もが目にするが、これも日本の生き残った兵士たちが、戦友の慰霊碑として後日建立したものであった。その足元の銅版には、

戦没者慰霊の寝仏

〝第十八師団（菊兵団）、第五六師団（龍兵団）、軍直配属部隊〟と記されていた。

時計塔を後にし、同じサイカで町の東北のエーヤワディー川沿いにあるスータ・ウンビー・パヤを訪ねた。ここには福岡県の坂口睦さんが寄贈した、二〇〇〇年四月に着工し、二〇〇一年一月に完成したとされている、巨大な寝仏があった。ここの招魂之碑には次のように記されている。

「祖国を離れて幾千里、望郷の念に思いを馳せながら国の命ずるまま、食なく撃つ弾もなく、飢餓悪疫と戦いながら、連日数百屯に及ぶ砲空爆を忍び、近代装備に支えられた数十倍の圧倒的多数の敵との戦いは正に徒手空挙、肉弾突撃と鉄塊との戦いであった。拉孟一、二七〇　騰越二、〇〇〇名玉砕す。ミッチーナー三、四〇〇名散華す。生存せる兵を救出すべく玉砕命令に抗し、ノンタロー村にて全ての責を一身に負い、退去命令を下すと共に自決せる水上源蔵少将の名は、散華せる兵士と共に後世にその名をとどめるであろう。又、敗戦と知りつつ日本軍と共に祖国のために闘い戦死せる多数のビルマ兵補の死を、我等は決して忘れることはない。戦火により亡くなられた全ての人々の霊を弔うと共に、被害を受けたミャンマー国民へのいささかの償いとして、涅槃像を建立した。——」

私は寝仏に手を合わせ、この地で死せる者たちへの供養のつもりで、僅かであるが寄付させてもらった。我らが先輩たちは、この地でも大変な苦労をされ、尊い命を落とされている。それを大きな遺産として、後世のためにも頑張るよう心掛けたいと、今さらのように自分を励まし、寝仏に別れを告げた。

この後、二時間もかけてカチン州立民族博物館を見学して、三時半にラー・ターウンさんと別れてホテルに戻った。これでミッチーナーに来た目的を一日で達したことになった。

㈢　ジンポー族のケタプー村

日本兵の墓碑や墓標を探し当てるのに二日は要る予定であったが、一日で終った。二日目の今日は、ラー・ターウンさんの案内に任せることにした。すると、彼の中国製のオートバイでミッチーナー郊外に行くと言う。

ラー・ターウンさんが九時半にホテルに来たので、すぐにオートバイの後に乗った。彼はヘルメットを被り、シャツの上にジャンパーを着て、腰下はロンジーと呼ばれる一枚の布を巻いてオートバイにまたがっている。私もヘルメットを被って落ちないように彼の腰に両手をあてる。車の行き交う中を二人乗りや三人乗りで颯爽《さっそう》と走るオートバイが多い。

彼がまず案内してくれたのは「パーム・プラン」と呼ばれるカチンの女性が経営する、エーヤワディー川沿いの立派なリゾート・ホテル。どんな金持ちか知らないが、大きな木彫りの動物が数体置いてあり、プールの周囲の芝生のあちこちに熱帯植物があって、こんな辺境の町には似つかわしくないほど立派な高級ホテル。

ミッチーナーの近くでは翡翠《ひすい》や琥珀《こはく》などの宝石が採掘されるそうだが、一階の部屋では何十万、何百万円もする宝石が陳列されていた。もしかするとここのオーナーはこれらの宝石商人なのかもしれない。

私はあまり関心がないので早々に立ち去った。次に彼が案内してくれたのは、中心街から一二〜三キロも北東へ行った、ミッチーナー市民が最も好んで行く行楽地、グエンノーと呼ばれる、エーヤワディー川沿いの景勝地。ここには若いカップルや新婚さんが訪れることでも有名なのだそうで、休憩用のバンガローのような小屋が五、六軒あった。川沿いの景色は海岸の多い日本人にとっては珍しいことではないが、海辺のない辺境では、川幅が一キロ近くもあって、奇岩のある水辺の光景は、絶景なのに違いない。

ここで、明日（五日）から始まる踊る祭典〝マナウ〟に参加するためにラーシヨーからバスでやって来たと言う、ラーシヨー大学の男子学生五人に会った。そのうちの二人は、かなり英語が話せたので、しばらく雑談した。私は、この後ラーシヨーへ行く予定がある。

ラーシヨーはシャン州なのだが、カチン州の主な部族であるジンポー族なので、初めてミッチーナーを訪れ、有名なグエンノーに観光に来たのだと言う。

ラー・ターウンさんは盛んに自慢するが、日本の海岸にはありふれた景色なので、川沿いを歩こうと勧めてくれたのを断って、一時間もいないで次の所へ行くように促した。

ところが、グエンノーから市内の方に戻る途中、オートバイの後輪がパンクした。約二キロをオートバイを押して歩き、沿道の村にある修理場で修理した。修理工二人はまだ二十歳足らずのようで若い。なんでも、ミッチーナーの町で修理工として三年働いて、一年前にこの村で独立して修理場を作ったと言う。

この近辺にも中国製のオートバイが多い。店にも十数台の故障バイクが置いてあり、彼らは商売繁盛で大忙しなのである。そこに強引に割り込んで修理をしてもらった。

ミッチーナーのホテルの前のオートバイ販売店で聞いたことだが、中国製の電池オートバイ「カーイン」または「カシル」は、バッテリー四個で五〇〇米ドル。六個で五五〇～六〇〇米ドルで買えるそうだ。同類のタイ国製の「ホンダ」や「ヤマハ」は約一、四〇〇米ドル。中国製はバッテリーやタイヤが一年しかもたないが、ホンダやヤマハは数年以上は使えるそうだ。しかし、多くの人が安い中国製を買っているので、故障が多いそうだ。

約一時間でパンクが修理され、市外から六〜七キロ先にあるツオブンと呼ばれる、礼拝用の丘に向かった。その途中の道沿いに、大きなさやのついた木があった。そのさやの中の実は大きく、子供の遊び道具にも使えるのだが、一般的にはサラダにして食べるフルーツの一種だそうだ。大きなさやが木になっているのを見たことがなかったので、オートバイを止めて撮影した。現地語で〝マリインガン〟と呼ばれるそうだが、乾燥した大きなさややや大きな実はこれまでに東南アジア諸国でたびたび見かけたが、木になっている現場を見たのは初めてだ。今は乾季で葉が付いていないが、いつもは大きな葉が付いているそうだ。

午後一時過ぎにツオブンに着き、丘の上の展望塔に上って周囲を見渡した。ミッチーナーの平原が一望できる見晴らしの良い所。日曜日でもあったので、若者たちが多かった。ラー・ターウンさんは高所恐怖症らしく、二十メートル近くもあるコンクリート製の塔の頂上には上って来られなかったので、若者たちに話しかけて記念写真を撮ってもらった。

彼らは私が日本人だと知って、大変驚き、日本は大変文明の進んだ国だとか、日本に行きたい、日本はここのように景色が良いかなど、次から次に英語なのかミャンマー語なのか、それともカチンの言葉なのかはっきりしない言葉で各自が問いかけてくる。対日感情は大変良いのだが、七十数年前にこの緑の美しい平原で戦争があったことや、沢山の日本兵が戦死していることも知らなかった。若い彼らは、発展している今の日本に関心があり、将来、機会があれば是非行きたいと熱望していた。

ツオブンの丘の上の高い展望塔からは、ゴム林や原生林、田畑などが広がる平原をはるか遠くまで見渡せる。東の彼方《かなた》に見える山を越えた向こう側はもう中国の領土。七十数年前と変わりない自然のありさまが、平和郷のようだ。

ツオブンから町に帰る途中、午後二時過ぎに遅い昼食を取るために、ラー・タ－ウンさんが道沿、の食堂三〜四軒の前で止まったが、店は日曜日なので開いていなかった。ミッチーナーにはイギリス植民地時代からクリスチャンが多いので、日曜日は休む店が多いのだが、やっとのことでミッチーナー郊外に開いている店があった。そこの名物料理で野生の乾燥鹿肉のサラダを食べた。大変美味で、ビールのつまみに最高であった。他には焼きそばのようなビーフンを食べた。

その店のオーナーの娘の顔形が日本人のようであったので、ラー・ターウンさんの通訳で話しかけた。二十一歳のナイムさんの父はビルマ族、母はシャン族の混血だそうだ。他にはカチン州に最も多いジンポー族のジープー（二七歳）、アカー（三五歳）の二人の女性が働いていたが、顔に木をすりつぶして水に溶かしたタナカを塗っていた。ナイムさんも、私たちがビールを飲みながら食事している間に、鏡を見ながら自分で化粧するような具合で、顔にタナカを塗って白くしたので、ミャンマーの女性になった。

午後三時前に、ミッチーナーの北二キロにあるケタプー村を訪れた。ジンポー族の住むここは、ラー・ターウンさんが、英語教室を開いている村で、彼の教え子が至る所にいた。彼が、村のいろいろな家に案内してくれた。初めはどんな関係なのかよく判らなかったが、この村では日本人が珍しいので、彼の教え子や知人、友人の家に、自慢気に連れ回っているのだった。

そのうちに、一般的な木製の高床式住居の家を訪れ、六五歳のツオンさんに紹介された。彼女は、草創期の彼の教え子であるターマイ（二五歳）さんの母親だそうだ。彼女の家でお茶をごちそうになっているうちに、近くに嫁いでいる娘のターマイさんがやって来て、彼と楽し気に話した。そして、彼女が紹介された。なんでも十代の時に二年近く英語を習ったのだが、もう忘れたと片言で話し、一人で大笑いした。その彼女は、身長一六五センチメートルくらいで体格がよく、両側に長く垂らした黒髪に包まれた、日本人が陽焼けしたような肌色の顔の目鼻立ちがよく、口元が可愛くて白い歯のきれいな、実に感じの良い雰囲気をしていた。美人と言えばよいのか、とにかく私の好みな顔立ちであったので、驚きの表情で見入っていると、日本人は初めてですとにこりと笑ってくれた。ミッチーナーにもこんな感じの良い女性がいるのかと、なんとも楽しい気持ちになって、ラー・ターウンさんの通訳で雑談した。そのうちに、彼女の母親のツオンさんが、母や父からこの村にも日本の兵隊がたくさん来ていたことを聞かされたと言った。ターマイさんは何も知らなかったが、六五歳の母親は日本兵のことを聞き知っていた。

近くの老人は、日本の兵隊からいろいろなことを教えられたそうだ。

朝起きたら、まず顔を洗って、部屋を掃除する。水ではなくお湯を浴びる。それまでこの地方ではお湯を浴びることや風呂に入ることなどを知らなかったそうだ。嘘をついたり騙してはいけない。他人の物を盗んではいけないとよく叱られたそうである。

その老人は、八十歳過ぎても少年時代に教えられたことをまだよく覚えていると言っていたそうだ。

何より日本人はきれい好きで、よく掃除するように言われたし、手や、顔を洗って歯を磨くことも教えられた、それに礼儀正しかったと言っていたそうだ。

日本人にとっては何でもないごく普通のことなのだが、ここミッチーナーの当時の少年にとっては、見たことも聞いたこともないことで、大変新鮮に感じられたのだろう。それにしても印象は悪くなかったようだ。

ケタプー村はミッチーナーに隣接している村であるが、道はまだ未舗装。高床式の木や竹で作られた家が多く、本当に田舎のような村。何より人々が純朴で親しみやすい。

午後四時から一時間、ラー・ターウンさんは英語教室を開くので、ターマイさんたちとの会話を切り上げ、オートバイで二〜三分の、教室のある小屋へ行った。教室と言っても小さな小屋の一部屋なので十人も入れないような狭さ。十七歳のヤイサイさんと、ほかに二人の娘が習っているだけ。

私は教室の隣の家の人を紹介されたので、五年前に新築したという家を訪れた。なんと隣人の四十二歳のユオさんの妹、三十歳のナンツーさんは、もう四年前から日本へ留学中で、東京の八王子に住んでいるそうだ。

ユオさんは、二十五歳の奥さんルンミノさんとの間に三歳のチヤリイと言う娘がいた。彼は七十歳の母親とミッチーナーに住んでいたが、五年前にここに引っ越して来たと言う。その母親は、駅前の市場に店を持って今も働いている。彼女は、五時に店を閉めるので、これからオートバイで迎えに行くのだと言って、五時前に出て行った。

午後五時に英語教室を終えたラー・ターウンさんは、三人の教え子たちを帰して教室を閉めた。一見ままごと遊びをしているような教室だが、ケタプー村の娘たちは、将来を夢見ているのだろう。各自がオートバイに乗って意気揚々と帰って行った。

午後五時を過ぎ、うす暗くなりかけた村を、彼のオートバイの後にまたがって後にした。ホテルには六時前に着いた。予定はなかったが、なんだか楽しい一日だった。

㈣ カチン州の踊る祭典〝マナウ〟

ミャンマー北端のカチン州には沢山の部族が住んでいる。カチンはビルマ語で、カチン州の人々は自分たちをカチンとは呼ばず、それぞれの部族、例えば、ジンポー、リスー、ロワン、アジン、ノーチャン、ラシー、ザイワなどと呼ぶ。だから実際にはカチンという部族も民族もいない。しかし、ビルマ語、今日ではミャンマー語でカチン族などと呼んでいるし、カチン州が存在しているので、各部族を総称してカチン族としている。

ラー・ターウンさんによると、カーは踊りを、チンは好むとか、〇〇したがるを意味するので、カチンは〝踊り好き〟のことだと言った。西のチン・ヒルには、チン族がいるのだが、ビルマ語で〝チン〟は〝裸〟を意味するそうなので、〝裸で踊る〟ともとれる。

その踊り好きな民族カチンにふさわしい、年に一度の踊る祭典が、〝マナウ〟と呼ばれる州を挙げての行事である。

今年のマナウは、一月五日から九日までの五日間開催され、全カチン州から各部族の代表がミッチーナーに集い、踊りを披露するのだという。

一月五日の朝九時にはホテルをチェックアウトした。ラー・ターウンさんが三輪タクシーのサイカを午後二時までチャーターして、午前九時半に来た。運転手は彼の友人で、四十四歳のゾンカウさんで信用できると言う。荷物をサイカの荷台に置き放しで踊る祭〝マナウ〟を見るので、昨夕彼に信頼のできる人を頼んでおいた。

午前十時からマナウの開催場所である「カチン州立マナウ公園」を訪れた。入口近くには人が多く混雑していた。私たちは近くの民家にサイカを止めておき、歩いて正門から入った。中央から左側にはステージがあり、ファッションショーなどが催されたり、大型バスが止めてあったり、中国製などの商品展示会や物産展、販売店などもあり、いろいろな民族衣装の人出も多く、見本市のような雰囲気があった。

中央から右の方に円形に囲われた運動場があり、中央に大きな柱が一列に六本立ち、三本ずつを木材がX字に結び付けられている。六本の柱の上から、小さいカラフルな旗を結び付けたロープが無数に四方へ伸びて、上空が華やいでいる。

一列に並んだ六本の柱の表にはステージがあり、マイクが七本立っている。人が歌う場所だそうだ。そして柱の裏側には、車輪の付いた直径一メートルくらい、長さ三メートルくらいの大太鼓が一つと直径五十センチメートルくらいの青銅製の鉦《かね》が五個ずつ、二組吊るされている。

ノーチャン族の娘　コーウィン

ラー・ターウンさんの案内で会場を見て回った。彼の説明によると、カチン州の総人口は約百五十万人で、その中心地であるミッチーナーには約三十万人が住んでいる。そして、人口の四十パーセントがジンポー族。ジンポー族はミッチーナー地方に最も多いが、各地にも散在しているそうだ。

ミッチーナーからさらに北へ三百キロ離れた、標高三千メートルのカオリコンシャン地方から来たノーチャン族は、人口約二万人だそうだ。その中にコーウインと名乗る二十一歳の可愛い娘がいた。顔立ちは日本人と同じだが、頭に黒っぽい布の帽子を被り、首に黄色と柿色のビーズの輪をかけ、青地に金色の線のあるコートを羽織った身じたくは、まさに民族衣装で、日本では見かけない格好だ。リスー族の女性は水色のロングスカートに黒色のチョッキ、それに金色の小さな円盤を結んだベルトを左肩から右脇腹にはすにかけ、青、黄、オレンジ色などの鉢巻型の帽子を被っている。

とにかく、いろいろな部族がいて、地域ごとに違った衣装を身につけたり、帽子を被っているので、なかなか特徴を確認することはできない。とにかくジンポー、リスー、ノーチャン、アジン、ザイワ、ラシーなど沢山の部族が一堂に会しているので、華やいで目移りがする。

十時半から始まると言われていたが、十時四十分に始まり、まずミッチーナー市内の女子中学生たちによるダンスが披露された。テープレコーダーによる音楽は、ラウンドスピーカーを通して四方に流れた。目一杯ボリュームを上げた大音響がはじけ、体に響くほどだ。

午前十一時二十分から各部族が会場に入り、開会のセレモニーがあった。そして十一時半から一列になって踊り始めた。音楽はステージに立った七人の歌い手が、一斉に、または交互に歌う。テープレコーダーから流れる歌ではなく、歌い手の地声がそのままラウンドスピーカーから流れている。その歌の伴奏は、裏隣に並んだ人鉦や大太鼓の打ち鳴らす音。広い野外ではあるが、十個並んだ大鉦の音も、両側で叩く大太鼓の身に染み入るような音も、手足の動きを促すようにリズミカルに響く。歌詞の意味はわからないが、リズムは単調な二拍子で、自然と体が動く。このリズムは、テレビでもミャンマー全域に放送されており、よく知られているようだ。

踊る人たちは、右回りと左回りの二手に分かれて列をなして、歌や太鼓のリズムに合わせて踊りながら進む。先頭は司祭者なのか長さ一メートルほどの大刀を捧げ持ち、クジャクの羽根の付いた竹製の赤褐色の帽子を被って、柿色のガウンを身につけた中年の男。次は同じような出立ちで、草色のコートを着た青年。そして黄色のコート、青色のコート二人と五人の男が大刀を、日本の神主が用いる笏《しゃく》のように捧げ持って歩いている。その後に踊る人たちが、足を交互に前に出し、反対の足を寄せてステップを踏み、次には後の足を前に出しながら、両手を交互に振り上げつつ前に進む。

踊る祭典　マナウ

男も女も同じように踊るのだが、参加者の数は女性が多い。どの部族も一般的に男の衣装は地味だが、女の衣装はカラフルで目立つ。男は、弓矢、刀、槍《やり》などの武器を手にしている人もいるが、女は素手の人が多い。

よく見ていると、日本の阿波踊りや鳴子踊りなどのように、単純な同じ動作の繰り返しで、踊っているうちに徐々に陶酔感に浸るようになっている。

一列縦隊の踊り手たちは先頭に従って交差したり、円形や渦巻き状になったり、斜めに進んだりと行動様式は少々変化するが、一時間たっても休むことなく踊り続ける。ということは、歌い手たちも大鉦や大太鼓を叩く人たちも休むことなく続けている。

私は、カメラ二台を持って列の中に入ったり、並行したり、立ったり座ったりして自由に撮影した。時には十メートル近くも高い組み立て式の櫓《やぐら》に上っても撮った。

円形の運動場の周囲の柵の外には観客がいるが、柵の内側にいる人は全員が踊るか歌うか、それとも大鉦や大太鼓を叩いているかで、リズムに陶酔している。

最初の一時間は、私自身も興奮していたし撮影とリズムに陶酔気味であったので、何も気にすることはなかったが、さすが一時間半も過ぎると、雰囲気に飽きるというよりも、あきれ返ってしまって興奮が薄れてきた。

天気は曇りがちで気温は摂氏二十度足らずだと思えるが、長袖シャツを二枚着た上に薄いベストを身につけて、撮影で動き回っていた私は汗ばんでいる。踊る彼らもきっと汗ばんでいるだろう。それよりも何より、単純な動作とはいえ、一時間半以上も休むことなく続けられるとは、並大抵なことではない。

私は今日の午後三時十分発の飛行機でマンダレーに飛ぶことになっているので、午後二時までには飛行場に行かないといけない。午後一時半にはこの会場を出なければならないので、一時十分に、ラー・ターウンさんに尋ねたら、午後二時か二時半頃まで続くだろうと言った。

なんとこのまま二時間半も三時間も踊り続けるのだという。彼らは疲れないのかと尋ねたら、毎年のことなので、二時間や三時間踊り続けることには慣れていると言う。

日本でも一晩中踊り続ける岐阜県郡上八幡の盆踊りなどがあるので、珍しいことでも、驚くことでもないのかもしれない。しかし、十代から五十代くらいまでの人が誰も休むことなく、日中に三時間も同じような動作の踊りを続けられることは、今日の日本では考えられないことだ。

彼らは、水も飲まないし、食事もしない。ただ、歌や太鼓や鉦のリズムに乗って、休むことなく踊り続けている。共同体の集団的陶酔感によるものなのだろうが、歌う人たちの声帯や太鼓や鉦を叩く人の腕の力がよく続くものだと感服させられた。

これはまさしく踊る祭典〝マナウ〟で、踊り好きなカチンの人々が集って行う儀式なのだ。それにしても、こんなに長時間踊ることを五日間も続けるとは、さすがカチン州の人々ならではのことだ。

私は一時半まで見ていたが、ラー・ターウンさんに促されて会場を去り、待っていたサイカに乗って飛行場に向かった。

(四) ピン・ウールインからラーショーへ

(一) ピン・ウールインの陸軍墓地と桜

マンダレーは平地で、日中は四十度以上にもなるので、一八八五年にここを占領したイギリス人たちは、冷涼地を求め、マンダレーの東にある高原地帯、ピン・ウールインを避暑地として開き、多くのイギリス人がこぞって家や別荘を建てた。そして、コロニアルスタイルの建物が多く建てられ、優雅な雰囲気の西欧風の町を作った。熱帯地方のミャンマーを忘れさせる避暑地で、日本の軽井沢のような所である。

現在でも植民地時代の建物が林の中に多く点在するのだが、一九四二年五月にマンダレー地方を制覇した日本軍も、いち早くこの地に陸軍の戦闘指令所を設置し、撤退するまでの約二年半の間、ミャンマー北部戦闘指令の中心地としていた。

一九八一年一月にマンダレーを訪れたときには、訪問できなかった。今回は、何としても司令所のあった場所を見てみたいと思っていたので、先に訪れた北のミッチーナーからマンダレーに戻った一月五日の夜、飛行場から七十キロ東のピン・ウールインへ向かう。

「ヒロミ・イン」という名の宿泊所は日本人が経営しているという。ミッチーナーから予約の電話を入れると、飛行場にエアポート・タクシーを予約してくれていた。気の利いたことだが、おかげで少々高い料金になり、三万五千チャットも払って六時三十分に乗った。しばらく平地を走った。やがて山岳地帯に入り、暗くて外はどんな様子かわからないが、はてしもない山道を上り続けた。カーブは多いが舗装されているので乗り心地は良い。それにしても大きな山なのか、かなり長い間坂道を登り続けた。午後八時五分、やっとヒロミ・インに着いた。

迎えてくれたのは、小柄な中年の美女で、日本人かと思いきやミャンマー人であった。達者な大阪弁を話し、どう見ても日本人女性なのだが、十年大阪で働いている間に日本人の技師と結婚し、アメリカにも住んだことがあると説明してくれているうちに、確かにアクセントが少々違うことに気付いた。しかし、勝気な日本女性のようで頼もしい。しかも、日本人の夫は、今病気療養中でヤンゴンに滞在中なので、一人で経営の切り盛りをしているのだそうだ。

ミャンマーにもこんな女性がいることに驚かされるほど、気が利く人で、今日の若い日本人女性よりも明るく元気で、雰囲気が良かった。

案内されたA1の部屋はコテージ風の一階で、ダブルベッドでバス、トイレ、キッチンまで付いた豪華な部屋だった。

遅かったが、まだ夕食をしていないことを告げると、何も準備していなかったが即席ラーメンでよければというのでお願いした。なんと手を加えたラーメン二個分と、米飯を出してくれ、まさしくラーメン定食でおいしくいただいた。それに庭で栽培しているバナナを五本もサービスしてくれ、緑茶もついていた。そして、日本を出発して初めてのＮＨＫ深夜放送まで観ることができた。

翌一月六日の朝食後、四十四歳のヒロミ（日本滞在中こう呼ばれていたので、店や宿泊所の名前もヒロミとしたそうだ）さんに頼んで、ここにあると聞いてきた日本兵の墓地を尋ねた。彼女はあることは知っていたが、まだ現場へ行ったことがないそうで、すぐにいろいろな所へ電話してくれた。

彼女によると、ここは標高が一、一〇〇メートルあるので、年中涼しくて凌ぎやすいが、今は冬で朝夕は寒いのだそうだ。確かにセーターが必要な寒さではあるが、空気は早春のような爽やかな感じがする。窓の外には松や竹が見える。

ここはイギリス統治時代からの旧名〝メイミヨー〟と呼ばれていたが、ミヨーは町と言う意味で〝メイの町〟、すなわち最初にここを切り開いたイギリス人のメイさんの名前が地名になっていた。独立以後は、〝ピン・ウールイン〟すなわちピンは高原を意味するので〝ウールイン高原〟という地名に変更したのだそうだ。

彼女は五歳の娘を連れて三年前にミャンマーに帰国し、夫と二人でこのホテルとコーヒーショップを開店したのだが、夫が入院したので、十数名の従業員を使っているし、営業が大変なのだそうである。ヒロミさんと雑談していた午前九時半、一台のオートバイが玄関にやって来た。彼女が急いで立ち上がり紹介してくれたのは、五十六歳のムミ・ケンさん。彼は、日本兵の墓地のある場所を知っているそうだ。ヒロミさんが交渉してくれ、午前中五、〇〇〇チャット(約五〇〇円)で雇い、彼の運転するオートバイの後ろに乗って出発した。

陸軍墓地

町中を走って駅近くの現場には十時前に着いた。しかし、家が建ち、壁ができ、彼の知っている現場の様子が違っていて、どうしても途中から行き方がわからなくなった。

現地の人に尋ねてもわからない。大通りの道沿いには軍隊の施設があり、レンガの壁が続いているので、途中から左折して中には入れない。仕方なく施設の入口を守っている兵士に尋ねた。彼らは、日本兵の墓地が、この近くにあることは知っていたが、そこへの道筋を知らなかった。結局、ムミ・ケンさんが人通りから左折して小道を進んだ、最初に訪れた場所に戻った。もう一時間以上もかかっているのだが、進む道がない。

道は、壁に遮られていて先がない。そこに立ってしばらく様子を見ていると、なんと現地の人たちは壁をよじ登って越えている。

ムミ・ケンさんは、確かにこの先にあったはずだと言って、壁をよじ登って向こうに越えた。そして私を招くので後に続いて壁を越すと、菜の花畑に小道が続いていた。その小道を彼に従って歩いていると、十数頭の乳牛を飼っている牛舎があった。そこをさらに進むと、平地の畑が続き、背の高い棉《わた》の木やバナナ、竹などが生えていたし、キャベツやブロッコリーなどが栽培されていた。

壁を越してから七、八百メートル進んだ先に一軒の小さな農家があり、その近くに小屋があった。その小屋の中に高さ二メートル近くの大きな墓標があり、「陸軍墓地」と大きな文字が記されていた。その裏には昭和五十二年四月三十日建立と読める表記があった。

その近くで野菜を収穫していた中年の女性、ドヌー（五十五歳）さんに尋ねたが、言葉がよく通じなかった。しかし、何度も何度も尋ねてやっとのことで少しわかった。

昔、ここに日本軍の兵舎があり、今は畑になっているが、地元の人は今もここを〝ジャパン・コウン〟と呼んでいる。コウンとは場所を意味する言葉なので、日本人がいた場所〝日本地〟ということになるのだろう。ミヤンマー語での日本は、英語と同じ〝ジャパン〟である。

私は、野に咲いていた菜の花や雑草の花を摘み、野菜ももらって墓碑に捧げ、両手を合わせてしばらく瞑想した。

今は畑が広がっているだけだが、当時はたぶん、この近辺には兵舎や病棟が立ち並んでいたのだろう。

それらしき痕跡は何もないが、ただ一つ畑の中にレンガを積み上げ、表面をコンクリートで覆っている直径一・五メートルほどの円形井戸がある。ブロッコリー畑の小道の側に、地面から七〜八〇センチメートル高くなった井戸には、二か所に折れた木柱がある。たぶん屋根がついていたのだろう。この辺の人は雨水を溜めることはあるが、深い井戸を掘ることはあまりしないので、日本軍が掘った井戸ではあるまいか。今はもう水は枯れて使われていない。もしかすると、ここで多くの兵士が戦死または病死したのかもしれない。そのことを知っている戦友がこの墓碑を建てたのだろう。

ビルマ戦の記録や従軍記などいろいろな本の中に必ずと言っていいほど出てくる、駐屯軍の戦闘司令所のあったメイミョーと言う地名と、そこに咲く桜の花があった。まだ桜の花は見ていないが、陸軍墓地という墓碑は確かにある。

当時を偲ばせる建物は何もないが、七十数年の歳月が流れた大地のありさまは、静かで平和で穏やかな農地だ。若き戦士であった強者どもの夢の跡に佇んでいる私は、彼らに何と声を掛ければよいのだろう。迷いながらも声を出して呼び掛けた。

「日本から来ました。日本は平和で豊かな国になりましたよ。あなた達のおかげです。ありがとうございました。あなた達の死を無駄にしないよう、これからも日本の国が安定、継続するように努力します。安らかにお休みください。」

相手の姿、形は見えないが、陸軍墓地と書かれた墓碑に向かって、精一杯感謝の気持を伝えることが、日本から遠くここまでやって来た自分の役目のような気がした。

中心街の時計塔

線香も水も持たず、野に咲く花を捧げて、墓碑を手で触わり、三周して別れを告げた。

途中の畑で働く農夫たちに、日本から来たことを告げて手を振った。戦地の跡に生きる人々の対日感情は悪くはない。彼らにとって、長くイギリスの植民地となっていたビルマ国が解放、独立するきっかけを作ってくれた日本軍というイメージが、今も言い伝えられているので、侵略者や野蛮な行為をした虐殺者という印象は弱い。さもなければ、〝ジャパン・コウ〟などという地名をつけることはなかっただろう。

墓地からの帰りもやはりブロックで作られた二メートル近くの壁を乗り越えた。なんだか過去への道が切られているような寂しさがあったが、人々が耕す畑の中に、今も日本の陸軍墓標が毅然と立っていることは確かなことである。

十一時二十分に町の中心地の市場に戻り、オートバイを返した。市場や有名な時計塔を見た後、午後一時半に町の東側の林の中にあるヒロミ・インに歩いて戻ることにした。その途中、何度か桃色に咲いた桜の花を見た。特にサーキュラ通りに面した両側に桜の木が多かったので、それを見ながらしばらく歩いた。そのうち、道の左側に現地人が沢山座っているオープンな飲食店があった。もう二時過ぎだったが、まだ昼食を取っていなかったので、その店に入ってメニューを見ていると、中年の女性がそばに来て私を見る。おや、と思って見上げると、「日本人ですか」と尋ねるので、「はい、そうです」と答えた。

彼女は、この店の主人で、若いウェイトレスが、ミャンマー語が話せない日本人のようなお客が来ていると知らせたのだそうだ。

彼女は、一九九六年から二〇〇五年まで約八年間夫と共に日本で働いていたそうだ。私の住所のすぐ近くである東京都杉並区の阿佐ヶ谷駅近くに住んでいたと言う。彼女、ミヨー（四十七歳）さんは、夫ハントウ（四十八歳）さんとの間に長男のウエパイ（二十歳）君と、長女ヒロミ（十二歳）ちゃんの子供がいる。長男はミャンマーにいたが、長女のヒロミさんは日本で生まれ、三歳の時に帰国したそうだ。彼女は日本語をよく話していたそうだが、今はほとんど話せないと言う。

彼女ら夫婦はヤンゴン出身だが五年前からここに来て、「ワン　ワン　カフェー」という店を開いているのだそうだ。

ミヨーさんは、夫のハントウさんにすぐ電話をし、子供たちも呼び寄せた。私が注文した麺を食べている間に全員やって来た。夫のハントウさんは日本語が大変上手だった。彼は、私が一人でこれからミャンマー西北部に旅をすることをいろいろ心配してくれ、必要ならいつでも電話してくださいと携帯電話を教えてくれた。ヒロミちゃんは、今日が誕生日とかで、化粧をして着飾っていたので撮影

コヒガン桜のような花

桜の街路樹

させてもらった。

彼らと一時間ほど雑談した。そこで、桜に関していろいろ尋ねた。ミャンマー語で桜の花を〝チェリーバン〟と呼ぶそうだ。ここには野生の桜の木が多く、十二月から一月にかけて花が咲くそうだ。

彼らは、東京上野や井の頭で見た日本の桜の方がきれいだと言ったが、ここの桜は、ソメイヨシノよりも山桜に近く、花が小さくて桃色に咲いて、花そのものは、信州高遠のコヒガン桜のようで美しい。

彼らは、この近くにある〝ヒロミ・イン〟を知っていた。ヒロミ・インのヒロミさんの本名は、キン・マルラー・オウだが、ミヨーさんの娘の本名はヒロミであった。

午後三時半過ぎ、彼らに別れを告げて、道沿いに生えているチェリーバン（メイミヨー桜）を見ながら、ヒロミ・インに戻った。

(二) 中国への中継地・ラーショーへの道

一九三七（昭和十二）年七月に日中戦争が始まった。やがて日本軍が中国大陸の沿岸部を占領したため、イギリス、アメリカの連合軍は、重慶に駐留する中国国民党軍への支援補給路として、ミャンマー国境から雲南省の昆明まで、全長一、一五三キロの道路を突貫工事で建設した。その〝ビルマ・ロード（ビルマ公路）〟と呼ばれる補給路の起点の町が、ミャンマー北東のシャン州北部にあるラーショーであった。日本では〝ラシオ〟と呼ばれていたラーショーは、日本軍が一九四二年四月二十九日に、北部ミャンマーで最初に攻略に成功した町で、ビルマ（ミャンマー）に関する戦記物にはよく出てくる地名である。

それは、当時マンダレーに駐屯していた蒋介石率いる重慶軍の退路や、ビルマ公路を絶つための大変重要な作戦であった。

イギリスがラングーンを新首府にする以前のビルマ王国の首都であったマンダレーは、その数日後の五月初めに日本軍の手に陥落した。

当時の日本陸軍に三つしかなかったと言われる機械化師団の一つである自動車部隊が、重慶軍が東西に布陣された真中の野を走り山を越えて、道なき道を一日に百キロ近くもの快速力を以て、一気に猛進したと言われるラーショーへの道とは、どんな自然環境、どんな状況であったのか、ラーショーとはどんな町なのか、自分の目で確かめたい思いがあったので、ピン・ウールインから車で行くことにした。

当時、ミャンマーに駐屯する重慶軍やイギリス軍を追放することに急いだために猛進した日本軍は、ピン・ウールインよりも百キロ近く東の方を北上したとされているが、今日では、マンダレーからラーシヨーへは、ピン・ウールインを経由して、中国へ通ずる道が主な通商路になっているので、その道を東北へと進む。

一月七日朝、ピン・ウールインは快晴であった。午前九時半過ぎに、ヒロミさんがアレンジしてくれたラーシヨーへの長距離タクシーが来た。約二百五十キロを走るタクシーの料金は、運転手の横の前席で一五、〇〇〇チャット、後席は一二、〇〇〇チャットだそうだが、前席に座った。車は日本製でニッサン中古車であり乗り心地は良い。

ヒロミ・インを出発したのは九時四十五分であったが、町のタクシー乗合場所で、後席にインド系の五十代と六十代と思われる夫人二人を乗せた。三人が同乗した車は午前十時に町を出発した。

標高一、一〇〇メートルの高原地帯を徐々に下り、十時五十分には山間の平地に下り、チークの並木のある道を走った。交通量は多くはないが、荷物を満載したトラックをよく見かける。沿道に見える家の壁は竹で屋根はトタン板の高床式。そして畑には砂糖キビが植えられている。

十一時にラオチヨーという小さな町に着いて休憩。ここで二十代の色白の女性を後ろに一人乗せ、客は四人になった。この町には仏教寺院の他にイスラム教の寺院もあった。

十一時十五分には出発したが、町を出てすぐに料金所があった。そこを通過するとすぐに道は下り坂になった。ここから深い渓谷の山肌に沿ったカーブの多い道を下って行く。これが世界的にも有名な、世界で二番目に高い所を汽車が走るゴッテイ鉄橋のかかっている渓谷。アメリカのグランドキャニオンの小型のような断崖絶壁のある渓谷なのだが、日本軍の自動車部隊はこの渓谷をよけて東側を進んだのだろうか。とにかく急なしかも狭い道で、トラックなどは時速十数キロのノロノロ運転。追い越しが困難なので、車が何台も連なっている。乗用車はトラックの運転手に警笛で知らせたり、追い越しのできる場所を見つけては、高速で走り抜ける。道沿いには原生林もあるが、木の生えていない赤褐色の岩肌が露出している所もある。

途中、右手の東の方にあの有名なゴッテイ鉄橋がちらりと見えたのだが、よくもまあこんな谷深い所に鉄橋を作ったものだ。これも戦時下の軍事物資を輸送するためだったのだろう。

十一時三十五分、やっとのことで深い谷底の白いコンクリートの橋を渡ることができた。そして、今度は谷底から上に向かってジグザグに上り始める。道沿いには葉の大きなチークの樹が、植林なのか、自然なのか多く生えている。ガーガー、ゴーゴー、ブーブーと音を立てながら上るトラックを次々に追い越しては前に出る。この辺の土は露出した岩石と同じようで褐色や赤褐色で、グランドに敷かれているラ

渓谷にかかるゴッテイ鉄橋が遠くに見える

テライトのようだ。ミャンマーの大地の色はほとんどが赤褐色なので、明るく感じるが、肥沃《ひよく》な土地ではないようだ。

十一時五十分、やっと台地の上に出た。赤褐色の台地が広がる畑には、やはり砂糖キビやとうもろこしが植えられている。

十二時五分に緑の多い田園地帯を走る。十二時十五分にチャウッメーの町に着き、ガソリンを注入した。面白いことにミャンマー北部のガソリンスタンドの従業員は、たいてい若い女性。しかもかなり美人どころを雇っているようだ。たぶん働き場所がないので、女性のあこがれの仕事なのではないだろうか。注油後すぐに出発したが、二十五分には郊外のサービスエリアのような所で昼食をした。ところが、インド系の婦人たちは、ここでは食べず、別のインド系用の食堂に再び寄ったので時間が少々かかった。

午後一時にスタートしたが、すぐに料金所があり（五〇〇チャット）、再び下り坂になった。道沿いには仏教寺院建設のために、目につきやすく象徴的に旗を沢山立て、通行する人々に寄付を募る人々がいる。特に運転手たちは安全や功徳を願って寄付をする人が多いようだ。そのこともあってか、シャン州はイギリス植民地時代に布教が進んだキリスト教徒が多いのだが、今建設中の仏教寺院が多く見られた。

運転手は中国系ソネイさんで三十四歳。彼は仏教徒で、運転席の前に小さな仏像を固定していたし、寺院の前を通過する時には、拝むような仕草をしたり、寄付を求めている所では車窓から小銭を投げ与えたりしている。

午後一時十分に収穫後の田園地帯を走り、バナナやタピオカの畑があり、沿道にはチークの樹が植えられている。やがて、ラーショーへの線路を左から横切る。道は下り坂で水田地帯が続いており川にかかる橋を通り過ぎる。

一時二十五分頃、道沿いにアカシアの大木があり、大きな寺院があった。これらの樹は七十数年前にもここにあったのだろう。広い田園の中を走っていると、再び右から左へ線路を越した。軍事物資輸送のためにイギリスが建設した鉄道だが、八十年近くも前に山や、谷や平原が切れ目なく続く大地に敷設するのは困難を極めたにちがいない。

一時三十分、平原にあるティーボー（旧称シーポー）の町に着いたが、車は止まることなく街を走り抜けた。町を出るとすぐに料金所があって、そこを過ぎると線路を左から右へ横切った。そしてすぐにドータウン川の鉄橋を渡る。この川には古い鉄橋の脚台が残っていた。もしかすると、ビルマ戦争の時、爆撃された残骸《ざんがい》なのかもしれない。

川沿いに続く道をしばらく走る。西瓜《すいか》を満載したトラックをよく追い越すのだが、ラーショーへ運んでいるのだそうだ。道は標高の高いピン・ウールイン以来下り坂が続いているのだが、時には小さな山や丘を越して進む。再びドータウン川の川下にかかる鉄橋を渡り水田地帯の小さな村、タンウェイに着いたが、止まることなく走り続ける。よく料金所があるが、五か所目を通過した。この辺の大地も赤土で乾燥している。

午後二時三十分ごろ、道の右側を列をなして歩いていた牛の群れにオートバイが接触し、車の前の路上に倒れ、急ブレーキで止まった。幸いにも事故にはならなかったが、車を止めて六十歳前後の男を助けてオートバイを道端に運んだ。その男はかすり傷程度だったので再び車を走らせた。

やがて道沿いに家が点在するようになり、大きな町に近づいた雰囲気があった。そして二時四十五分に、この辺では珍しいガソリンスタンドの前で若い女性が一人下車した。その後すぐに道を右側にそれて小道に入り、インド系の婦人たちの目的地を探した。運転手がスマートフォンで相手の家を確かめ、壁のある門の前に止めた。中から彼女たちの息子か娘なのか、数人の男女が出てきて、婦人たちを迎えた。サリーをまとった二人の婦人は肥《ふと》り気味で、歩くのがやっとなのだが、迎えの人たちが抱きかかえるようにして家の中に連れ込んだ。

二時五十分過ぎにインド系の婦人たちが下車すると、私一人になった。ピン・ウールインのヒロミさんがホテルを電話で予約してくれていたので、運転手にそのホテル名を告げておいた。彼は英語がほとんど話せず、漢字の筆談であったが、まちがいなく、ラーシヨーの中心部にある〝ロイヤル・グランド・ホテル〟まで私を運んでくれた。

約五時間かかり、午後三時五分にホテルに着いた。一泊二十二米ドルの部屋に二泊することでチェックインをした。ありがたいことに、ここの受付の若い女性がヤンゴン出身で英語を話せた。

部屋は二階の新しい部屋で、ダブルベッドが一つあり、ホットシャワー・トイレ付きで広くはないが、中国との国境に近いミャンマーでも辺境の地にあるので、こんなものだろうと思い、疲労感もあってベッドに座り込んだ。

それにしても、日本軍は、今から七十三年も前に山や谷、平原、川の多いこんな大地を、数日間で二・三百キロも走りぬけて、ラーシヨーを攻撃したそうだが、信じがたい神業のような速さだ。

(三)　丘の上の要塞的町と温泉

ホテルに着いて少し休み、三時二十分には街に出た。ラーシヨーは標高七〇〇メートルの丘の上にできた町で坂道が多い。商店街の中心地にあるホテルの前の道も東西に通る坂道で、両側に車が止められていた。

雲南地方の山岳民族は、たいてい村を山や丘の上に作っている。それは他民族や他部族の侵入や戦いの時に防御しやすい地理的条件によるもので、村そのものが臨戦態勢で要塞化している。

ラーシヨーは、人口十五万人もの大きな町になっているが、最初は丘の上にできたシャン（タイ）族の要塞化した村であったのだろう。その証拠とも言える旧市街の中心地は丘の上にある。

イギリスが植民地化してできた新しい町は、旧市街から約三キロ北の平地にある。マンダレーから雲南の昆明に物資を運ぶためにできた鉄道のラーシヨー駅は、三キロ北西の平地にある。さも緊急に、しかも作為的に建設されたことの証明のような駅の周囲には、今も民家は少なく、閑散としている。

古くからの町と植民地化によって作られた町の二重構造的なラーシヨーは、大ラーシヨーと小ラーシヨーの二つの地区に分けられている。大ラーシヨーは新しくできた駅近くの町。小ラーシヨーは古くからあるシャン族の居住地域で、マーケットや商店街、病院、郵便局、消防署などもあり、今も人口が多く中心地となっている。

人口が四百七十万人もいるシャン州の中心地（現在の州都は南のタウンヂー）でもあったラーショーは、古くから雲南地方への通商の中継地として栄えた町であったが、特に日本軍が一九四〇年頃から中国大陸の東海岸地帯を占拠して以来、蔣介石率いる中国国民党軍を米英連合軍が支援するための、物資輸送に重要な拠点とされるようになった。そのため首都であった南京を追われて重慶に移動した国民党軍は、ミャンマー経由の援助物資輸送確保のため、英米との話し合いの下にいち早くラーショーに派兵し、守備体制に着いた。

当時の英軍の総指揮官ウェーベル大将と、蔣介石との作戦打ち合わせも、一九四二年三月初頭にラーショーで行われた。

一九四二年四月末にラーショーまで占領した日本軍は、やがて、ラーショーを拠点とし、国境を越えて雲南省にまで侵攻した。が、英米支連合軍の反撃を受けた。ミャンマーと中国との国境地帯の町等では、日本軍の守備隊が玉砕したり、ラーショーも連合軍の攻撃を受けた。そしてついに、一九四五年四月には、アメリカ軍が空爆し、イギリス軍がラーショーを取り戻した。

一九四五年八月、日本の敗戦によってイギリスの支配は復活したが、ミャンマーは一九四八年に独立した。しかし、中国国民党軍の中には、一九四九年に中華人民共和国という、今日の中国共産党による建国によって、蔣介石の率いる国民党による中華民国は台湾に追いやられて帰国できず、そのままミャンマー北部に居残った兵士が多く、その後、現地の女性と結婚した。

ミャンマー（ビルマ）語でシャムとかシャンと呼ばれる人々は、白称タイなのだが、タイ族の人々の多くは、蒙古軍襲来の十三世紀以前には雲南省近辺に住んでいた人々なので、国民党軍の兵士たちとは言葉は違っても顔形はほぼ同じ。そんなこともあって、シャン州の人々は、南部のビルマ族を中心とした独立国ビルマに対して、国民党の残存兵と共に独立を目指して反政府運動を活発化した。そんなこともあって政情が不安定で、ゲリラが出没する危険地帯として長く外国人の立ち入りが禁止されていた。そのため、ここにはビルマ戦争当時の戦跡を表示する物や墓標などはまだ作られていない。

しかし、一九八九年六月からビルマはミャンマーと国名を変更し、一九九〇年代になってミャンマー政府と有名な反政府勢力との話し合いによって停戦が進んだ。そして、やがて中国との交易が盛んになり、町には七・八世紀も前に南中国から移住または移動してきたシャンと呼ばれる住民や、国民党の残党である中国系の人が多く、漢字も見られるので、ラーシヨーは中国との混合文化圏ともなっている。それに、インド系のモスリムやヒンズー教徒もいるし、イギリス支配後に多くなったキリスト教徒、そして本来の仏教徒もいる。ラーシヨーは仏教寺院や仏塔、教会、イスラム寺院のモスクなどもあり、多民族、多文化、多宗教の町でもある。

二〇〇六年十月には、ヤンゴン（ラングーン）から北の中央部のピンマナー近くのネーピードーへ遷都し、二〇一〇年十一月には、まがりなりにも総選挙が行われ、翌二〇一一年三月にはテイン・セイン大統領が就任し、軍政から民政の国になった。そんな経過を経て、今ではラーシヨーのような奥地にまで外国旅行者が訪れることができるようになっている。

二〇一三年に発行された、タン・ミンウー著、秋元由紀翻訳の〝ビルマ・ハイウエイ〟には、これからのラーシヨーについて次のように記されている。

「ビルマ公路ができて七十年後の今になって、ラーシヨー周辺は再び重要になっている。間もなく、ラーシヨーには中国が輸入する石油の二十パーセントを運ぶパイプラインと、ヨーロッパ向けの物資を運ぶ新しい鉄道が通る予定」

中心地は周囲二～三キロの小さな町なので、一時間もあれば歩いて回れた。そこでホテルの事務員に相談して、ラーシヨーの北十余キロの所にあるラーシヨー温泉に行くために、往復五、〇〇〇チャットで三輪タクシー、サイカをチャーターした。

ラーシヨー温泉

ホテルの前の坂道を下って北へ進む。新市街を通って大きな道を七～八キロ進んだ右側に〝ラーシヨー温泉〟と英語で表記された看板と門があった。そこを東側へ右折して小道に入り、田園地帯を三キロほど進んだ所に小さな森があった。温泉はそこにあり、入場料を三米ドル払って森の中に入った。
温泉は田園の中のやや低くなった所にわいており、長さ二～三百メートル、幅三～四十メートルの池になっている。その一番下の方をコンクリートで仕切り、長さ三十メートル、幅十メートルくらいのプールのようにしている所が入浴場所。ここは歓楽地のようになっているので、外国人も入場料を払って入れるが、現地の人が多く訪れている。広場の椅子に座って歓談したり、飲食している人がいるが、温泉に入っている人もいる。それに岸辺で洗濯している人もいるので、あまり感じは良くない。しかし、ここまで来た想いがあり、パンツ一枚になって入口近くの方から温泉に入った。

中は階段になって段々と深くなり、三段目以下は背が届かなくなった。反対の広場のある方が段はゆるやかなようだ。水温は四一度以上もあるようでかなり熱く感じられたが、泳いでいる人もいた。十五分ほど肩までつかっていたが、熱くなって外に出た。岸辺のコンクリートの上に座って、しばらくの間大汗をかいた。やはり温泉は心身が開放される。ピン・ウールインから五時間以上も車に乗って長い距離を移動した疲れもややとれた気持ちになった。

温泉からの帰り、日本と変わりないような爽やかな夕暮れに、田園の中の一本道を、三輪タクシーに揺られながら、当時の日本の兵隊さんたちはこの温泉に浸かったのだろうか、と七十数年前の若い兵士たちが裸で戯れる残像を想像した。

㈣　ラーショーに降る突然の大雨

翌一月八日は午前七時半に起床した。ホテルには朝食が付いていていない。

昨夜は温泉から五時半にホテルに戻り、七時半から近くの中国系のレストランで野菜や肉の煮物を三種類とスープ、飯の夕食を取った。今朝は食欲があまりない。それでも食べておかないとの意識で、パンとバナナだけを口にした。

午前九時から歩いて市内観光。天候は曇り空で半袖シャツではやや肌寒いので、長袖シャツの上に布製チョッキを着る。

最初にビーロン・チャンター・バヤーの仏塔を捜したが、地元の人々によると今はなくなっているとのことだ。そして、中心街から三キロ北西のラーシヨー駅に向かって歩いた。幅の広い直線道路は常に下り坂。途中から百年以上も前からあるだろう菩提樹《ぼだいじゅ》の大木が道沿いにあった。しばらく歩いているとの右側にラーシヨー大学があった。ミッチーナーで会ったジンポー族の学生たち思い出し、彼らが学んでいる大学に親しみを感じて、校内に入って撮影していると、事務員がやって来て撮影禁止を告げられて追い出された。大学にしては寛容さのないことだ。

さらに下っていると、十時半にやっと駅に着いた。駅前にバラック建ての食堂や売店があるだけ。駅前広場は人も車も店もない、本当に殺風景な所で、駅が民衆から離れて孤立している。地元の人々とは関係なく、町外れに作られているのは、英国の戦略的意図があってのことだろうか。それにしても、中心街から七〜八十メートルも低い平地に作られた駅が、できてからもう八十年近くも経っているのだが、山や丘の上に住む習慣のあるシャン族の人々に、未だに受け入れられていないようだ。

汽車も人もいないプラットホームでドイツとスイスの老婦人に会った。彼女たちは今朝十時前にテイボー（シーポー）からバスでラーシヨーに着き、私と同じロイヤル・グランド・ホテルに泊まっていると言う。明日汽車でマンダレーに帰る予定なので、出発時刻の確認に来ただけらしかった。そこで、サイカと呼ばれる三輪タクシーに一人一、〇〇〇チャットで乗り、ホテルまで戻った。

その後、一人で町の東北にある尾根が少し高くなっている丘に向かって歩いた。町外れのその丘の下には貯水池が三つ並んであった。丘の上には展望台ができていたが、木が邪魔して町は見えなかったので、すぐに下りた。途中からサイカで中心街に戻り、近代的な五階建てのティーターエー・ホテルの屋上に上らせてもらい、市内を見下ろして撮影した。

ラーシヨー中心地の白いモスク

ラーシヨーは南北に続いている山の尾根にできた町で、北側のもう一つの連山との間に谷間の平地がある。そこは農耕地になっており、反対側の山麓にも家がある。山の尾根から南西の斜面にできた町には家が密集している。赤褐色にさびれたトタン屋根の木造の二階と三階建ての家が密集する中にポツリ　ポツリと三〜五階建ての近代的なビルがある。そして町の真ん中には、大きな白亜のモスクがある。あちこちに仏塔や仏教寺院も見えるが、モスクが最も目立つ。

そのホテル近くに、ヤウン・ミーシャイと呼ばれるシャン料理の店があった。そこでヌードル・スープを食べて午後一時半にホテルに戻って休んでいると、突然に大雷鳴があり部屋を出て二階から外を眺めた。そのうち、黒雲が北の方から襲いかかるようにやってきて、トタン屋根を叩きつける大きな音を発する大粒の雨が降り始めた。ホテルの玄関に出て、前の坂道を見ると、芥《あくた》を押し流す水が、上の方から洪水のように流れていた。大雨は二・三十分も続いていたが、上空の厚い黒雲が去ると、雨はぴたりと止まって、陽が差してきた。乾季であるはずの時にまるで夢のような出来事だ。それにしても突然の大雨で、坂の多い街のごみをあっという間に押し流してしまった。何とも自然な清掃で、雨後は涼しく爽やかで、すがすがしい。

午後三時から市街の坂道を北西の方に向かって下り、谷間の平地に出た。水田地帯が広がっており、水牛でスキを引かせている農夫がいたので撮影した。歩いているうちに雲一つない快晴になり、ジャンパーを脱いで腰に巻いた。平地には、家や工場のような建物が建設中で、数年もすれば水田地帯が狭くなるような傾向が見えた。

反対側の山麓に上って市街地を眺めた。水稲耕作地に家を建て村を営む日本人には、不思議なことだが、平地の水田地帯に家はなく、丘の上や山麓に家があった。もしかすると、昼過ぎのような大雨があって、谷間の低地は洪水に襲われがちなのかもしれない。それよりも、人間集団に襲われた時には、丘の上の方が防衛的には都合がよかったのだろう。いずれにしても、丘の上なら突然の大雨でも心配はない。

五時にホテルに戻ってホットシャワーを浴びていた六時ごろ、再び大雨が来てトタン屋根をバリバリ、ガンガン、ドンドンと激しく叩いた。しかし、それも二〜三十分で止まった。

とにかく、大粒の雨が降ると、トタン屋根や大地を叩く音が大変活気があって、ビートのきいたリズムさえ感じられる。

今日は、日中は少々暑く、雨の時は肌寒く、雨後はしばらく涼しいので、激しく天候の変わる不思議な一日であったが、携帯電話の万歩計を見ると、二万五千二百九十歩（二十キロ近く）も歩いていた。

翌日の九日は朝八時過ぎに、ホテル前から分乗タクシーに乗り、ピン・ウールイン経由で七時間半後にマンダレーに着き、シルバー・スター・ホテルまで送り届けてもらった。

四　ミャンマー西北への探査行

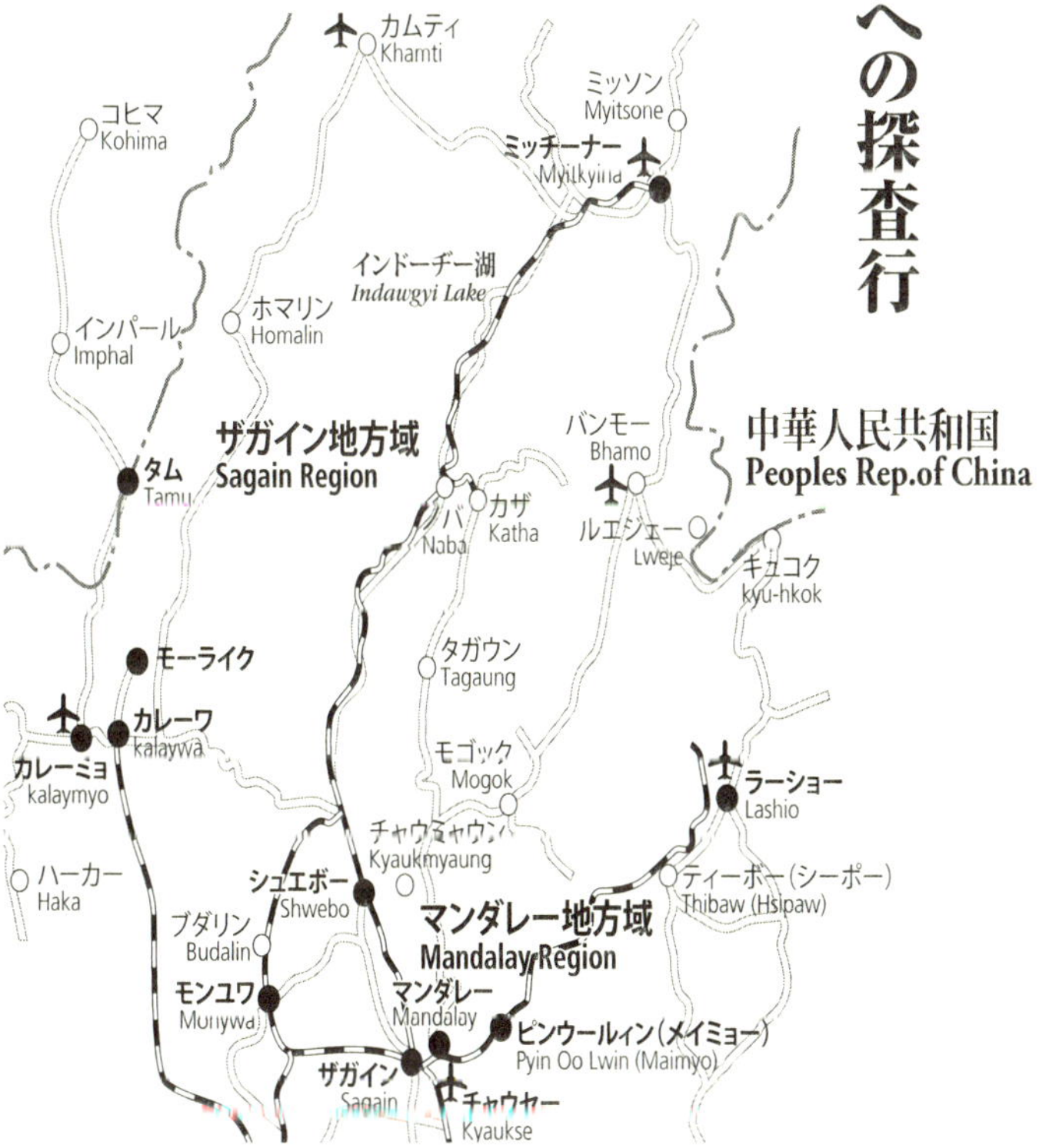
カムティ
Khamti
コヒマ
Kohima
ミッソン
Myitsone
ミッチーナー
Myitkyina
インドーヂー湖
Indawgyi Lake
ホマリン
Homalin
インパール
Imphal
ザガイン地方域
Sagain Region
タム
Tamu
バンモー
Bhamo
中華人民共和国
Peoples Rep.of China
カザ
Katha
ルエジェー
Lweje
キュコク
kyu-hkok
タガウン
Tagaung
モーライク
カレーワ
kalaywa
カレーミョ
kalaymyo
モゴック
Mogok
ラーショー
Lashio
ハーカー
Haka
シュエボー
Shwebo
Kyaukmyaung
ティーボー(シーポー)
Thibaw (Hsipaw)
ブダリン
Budalin
マンダレー地方域
Mandalay Region
モンユワ
Monywa
マンダレー
Mandalay
ピンウールィン(メイミョー)
Pyin Oo Lwin (Maimyo)
ザガイン
Sagain
チャウセー
Kyaukse

㈠　ザガイン地方の日本兵墓地

㈠　ザガイン・ヒルのパコダと墓標

一月十一日午前七時半にマンダレーのシルバー・スター・ホテルで朝食し、出発の準備をした。午前九時には、ナイラ・ウインさんが、トヨタクラウンで迎えに来てくれた。彼は、ピン・ウールインのワンワン食堂を経営していたハントウさんの甥で、日本の岡山に本店のある住宅会社のミャンマー支社に勤めている。

ハントウさんからの連絡で、私に協力するようにという指示を受け、昨夕も会いに来てくれた。これからのミャンマー西北部への旅行について多くの情報をくれた。何より日本語が話せたので、いろいろな点で助かった。

彼の車でモンユワ行きのバスセンターに九時二十分に着いた。ザガインは、マンダレーから二〜三十キロで、モンユワ行きのミニバスに乗り、途中で下車すればよいとのことだ。彼によるとザガインには日本兵の墓碑が沢山あるとのことなので、モンユワに行く前にザガインで一泊して、ザガイン・ヒルの日本兵の墓碑に参ることにした。

二、〇〇〇チャット払ってミニバスの前席に座った。ナイラ・ウインさんがバスの運転手に紹介してくれ、彼が指定したホテルまで案内してくれるようにと頼んでくれた。

バスセンターには沢山のバスが駐車しており、助手たちが、大声で行き先を告げながら、客を呼び集めている。人と車でごった返す大変賑やかなありさまで活気がある。そんな状態で次々に客がやって来て、十人で満席になり、午前十時に出発した。

町を出るとエーヤワディー川沿いの並木道を南に向かい、やがて西に折れて新旧二本の大きな橋が架かるインワ鉄橋を渡る。すぐに川の右岸の北の方に金色の仏塔が多いザガイン・ヒルが見えた。

ザガイン・ヒル

ザガインは、エーヤワディー川にかかるインワ鉄橋を渡るとすぐだった。午前十一時にはお願いをしていたシュエ・ピエソン・ホテルに着いた。個人経営のミニバスなのでちゃんとホテルまで運んでくれた。
ザガインは、外国からの観光客も多いのだが、近くにあるかつての旧都インワへの観光を兼ねてマンダレーからバスでの一日旅行者が多く、宿泊する者は少ないそうだ。そんなこともあって部屋は空いていたので大変歓迎されて、予約はしていなかったが、すぐにチェックインできた。一泊三十米ドルで二階の二〇一号室に案内された。
荷物を置いてすぐに一階に下り、フロントの四十代と思える女性事務員にザガイン・ヒルの日本人墓地を見に行きたいので、これから半日間サイケ（オートバイ　タクシー）を借り切りたい、誰か信用のできる人がいればすぐに頼んでくれるようにお願いした。

午前十一時半には、三十代の若い男がオートバイでやって来た。彼は片言の英語を話す。しかも日本兵の墓碑がある丘を知っていた。すぐにカメラバッグを肩に掛け、ヘルメットを被って彼のオートバイの後にまたがった。ミャンマーにはどの町にもサイケが多く、安くて便利だが不安定で少々危険なので、利用する時には必ずヘルメットを被ることになっている。だから、運転手は必ずお客用の物を備えている。

ザガイン・ヒルと呼ばれる地域には多くの丘のような低い山があり、その丘の至る所に寺院やパコダ、その他仏教関係の施設が多い。だから初めての人は目的地に行きつくのが大変難しい。幸いにも運転手は良く知っていたので、道に迷うことなくオートバイを走らせ、出発してから十数分で山道を上り始めた。なかなかの急坂で、二人乗りのオートバイは重苦しい音を発しながら、人が小走りするくらいの速さであえぐように上る。その道すがらに別れ道があって、どのように選んで上っているのか知らないが、運転手は自信あり気にハンドルを操って上る。

坂道を二十分ほど登って、色彩豊かな大きな門のある所に止まった。小型のバスや乗用車、それにオートバイは、ここまでしか来られない。彼はオートバイを門の横に止めてヘルメットを取り、私のも一緒に運転する腕に結び付けた。

「ここからは歩いて行きましょう」

彼はそう言って先に立ち、急な坂道を上った。五〜六十メートル上った坂の所に、金色の高さ二十メートルくらいの大きくて立派なパコダがあった。もう高い丘の上にいるので、そこからは下の平地が見渡せた。

日本パコダ

「このパコダは日本人が寄付して作ったのです」

こんなことを説明してくれたが、片言英語なので、私の勝手な解釈である。

そのパコダの横を通る坂道を上ると、日本語の掲示があった。そこには、「日本パコダ建立の由来」として、次のように説明されていた。

〝第二次世界大戦に於いて祖国日本の護りとして派遣された若き戦士たちが、愛国の至誠に燃えてこの地、ビルマに斗いましたが、戦時に利あらず、国と家郷の弥栄を願いながら、この山河の中に屍を横たえてゆきました。戦後三十年を経てこの地を訪れた生還者たちが、野をこえ山をこえて喚び交わせ、亡き戦友たちの望郷と愛国の願いの声を、耳底にはっきりと聴きました。

その純粋な願いを更に耳を澄まして聞き、其の徳を讃えるために塔の建立を決意し、三年の工期を経て、昭和五十一年一月、一應の落成を見ました。

是の工事を担当したのは、烈第百三十八聯隊の生存者たちでありました。然し英霊は一つであり、百三十八聯隊の者は全英霊に捧げる塔と考えている。

塔はもとより佛舎利を安置するものであります。

戦友たちの心の佛蛇にまで昇華されんことを願いつつこの小碑を建てます。

一九七六年春　烈第百三十八聯隊

戦友　一同

遺族

〃

今から四十年も前に、生き残った日本兵たちが、亡き戦友を偲んでパコダを建立していた。なお、パコダの前には、その後の一九八一年三月三日にパコダ礼拝堂が建立されており、その記念碑もあった。そこには次のように記されていた。

〃　――――――

その後多くの参拝者から、礼拝堂のないことを惜しむ声が聞かれるに及び、電信第十九聯隊戦友会が浄財をつのり、昭和五十六年三月、礼拝堂が建立されるに至った。

――――――　〃

礼拝堂は、薄緑色に金縁のある立派な建物で、中の正面には日の丸の旗があり、梵語の文字を記した板、卒塔婆が二〜三十枚立て掛けられている。

四国四県その他のビルマ遺族会の慰霊碑

礼拝堂の前は広場になっており、その中央には四角形の高い時計塔と仏塔があったが、東側の片角には、一九八七年二月に、鯨烈山砲戦友会の白い四角形の慰霊碑が建立されていた。その一面には、奉納として、愛媛県、香川県、高知県、徳島県、他関係都道府県、ビルマ遺族会有志と記されている。

広場の北の尾根についた道沿いには、高さ一メートルくらいの白い壁に区切られた、長さ五十メートル、幅十数メートルの日本兵墓地があった。その中には七個の慰霊や鎮魂の碑があり、されいに整地されていた。その一つに、〝戦没戦友の皆様、安らかにお眠りください　昭和六十二年二月、鯨烈山砲戦友会、結成母隊、四国、善通寺〟とあった。

私は、四国の高知県宿毛市の生まれ育ちで、幼い頃か

四国　善通寺部隊の鎮魂碑

中国大陸での父

ら善通寺部隊のことは父からよく聞いていた。四国四県の軍隊の中心地は善通寺にあり、多くの人が善通寺部隊に入隊していた。私の父は、昭和十二年夏に善通寺部隊に入隊していた。そして日支事変（日中戦争）で中国大陸に上陸し、奥地に向かって進軍した話を聞いたことがある。父は十四年の夏に無事帰郷し、私が昭和十五年六月に生まれている。その他にも、戦後間もない六、七歳の頃、同郷の先輩たちが善通寺部隊や高知部隊に入隊し、南洋やビルマでの戦争に参加して、戦死したり、生きて帰った人の話をよく聞かされていた。

　そんなことをすっかり忘れていて、ミャンマー中央部のザガインの丘で、四国、善通寺で結成された部隊の碑を目にして、反射的に幼少年時代の追憶が走馬灯のごとく回想され、脳がパニック状態になって胸が震え、涙が止めどなくあふれた。

　しばらく何も考えられず、碑の前で立ち続けた。私に潜在する意識が、こんなきっかけで蘇り、当時の様相が激しく再現されることに気付いてはいなかった。しかし、戦後七十周年目を迎えるに当たり、何かしなければ……と思案すること自体が潜在的意識によるものであったのかもしれない。

やっと平常心を取り戻し、それぞれの碑の前で黙祷して哀悼の意を捧げた。そして、先ほどから私の行動を不思議そうに眺めていた同行の運転手に、記念撮影をしてもらってその場を離れた。

ザガイン・ヒルの日本兵墓地から帰る途中、日本パゴダのある横の、緑の多いザガインの大平原が一望できる見晴らしの良い所に、高さ一メートル、横五十センチメートルほどの白い大理石の碑が立っていた。そこには次のように記されていた。

亡き戦友への慰霊碑

〝戦友の温き血を持つ石の碑に、戦友弔らはん生ける証しに〟

多くの未帰還兵がいると言われている、ミャンマー西北部への旅の最初の地ザガインで、思いもかけず多くの墓碑に参ることができた。今回の旅の目的が少しは果たせたような気はしたが、若くしてこんな異郷の地で亡くなられた男たちのことを思い、複雑な気持ちで緑なす大平原を見渡した。

これからさらに西の、日本兵の墓地があることで知られているモンユワに行くのだが、まずは時間があるので観光しようと思い、運転手にそのむねを伝えた。彼がまず案内してくれたのは、ザガイン最大の仏塔〝カウンムード・パヤー〟。女性の大きな乳房のような形の金色に輝く仏塔は、近くにあるインワが王都としての基盤を固めたことを記念して、一六三六年に建立された。最初は白亜の仏塔であったそうだが、今は金色に染っている。

次にはインワ鉄橋を見るために、旧都インワを訪ねた。インワは一三六四年にシャン族の都となって以来、何度も中断され、ビルマ族やモン族などが都としたこともあるが、一八三八年に発生した大地震で大きな被害を受け、一八四一年に近くのアマラプラへ遷都されて以来、王都となることはなかった。

この見るかげもないほどに荒廃した、畑や木立の中に点在するインワの遺跡を馬車をチャーターして二時間くらい見物した。そして最後に、北の端にある〝マハーアウンミェ僧院〟を見物し、そこの堤の上から、エーヤワディー川にかかる新旧二つのインワ鉄橋を見た。ここからが一番よく見えるとのことだったので撮影もした。

二つの鉄橋は重なって見えるが、白い手前のアーチ形の橋が古く、ビルマ戦争当時、イギリス軍が爆破して日本軍はこの橋を使うことはできなかった。この橋が再建されたのは、戦争が終わって十年後であった。黒褐色の大きな鉄橋は近代的な新しい橋で、車の多くはこの新しい橋を使っている。

午後四時前にホテルに戻り、六時から近くの食堂で夕食をした。英語でフライドライスと記されたチャーハンとビールでゆっくり食事をしていると、六十代後半と思われる食堂の老婆が近くに来て、

「ジャパン、ジャパン」と親し気に話す。何を言っているのかわからなかったが、親し気にジャパンを連発して笑顔を見せてくれた。何か伝えたかったのかもしれない。しかし、言葉ではなく老婆の雰囲気が、戦後間もない頃の日本の老婆のようで、なつかしさと親しさが感じられ、なんとなく心がいやされた。

もしかすると、彼女はザガイン・ヒルの日本兵の墓地をよく知っているのかもしれない。いや、今から四十年も前にあの墓碑を建立するためにこの地を訪れた日本の老兵たちが、この食堂で何度か食事をしたことがあるのかもしれない。いずれにしても親日的である。

親しげに笑む老婆に見送られて食堂を出た。街灯が少ないザガインの薄暗い街を、楽しい気持ちになって、ホテルまで歩いた。

(二)　モンユワの日本人墓地

翌十二日はザガインのホテルを午前八時四十分に出た。サイケでモンユワ行きのバス停まで送ってもらった。バス停といっても何もない道沿いに待つ人が立っているだけ。マンダレーからモンユワに通じている大きな道は舗装された対面走行のできる広さで、バスやトラック、乗用車、それにオートバイなど、いろいろな車が行き交う。

八時四十五分にはモンユワ行きの中型バスが来たので、手を上げて乗った。車は日本製の中古車。ミャンマーの北部は何処へ行っても半分以上は日本製の中古車。エンジンはまだしっかりしているのか、スピードが出る。運転手はほかの車を追い越すのが好きなのか、ハイスピードで走る。この車の乗り心地は良いが事故車のようで、八十キロ以上で十分も走ると前輪のキャンバスが狂っているのか、ヅヅヅヅと小さな音を立て振動する。そのたびに運転手はスピードを落とすのだが、それでもハイスピードで走らせる。ほぼ満員で三十人くらいの客は物静かに座っている。前から三番目の席に座っている私は、もう半世紀以上も前の大学時代の卒業論文が、「重農業機械（トラクター）の前輪作動について」であったので、車輪、特に前輪のキャンバスについては少々の知識があった。そんなこともあって、前輪がヅヅヅヅと振動するたびに、事故にならないか不安な気持ちで落ち着けない。運転手は知っているだろうが、乗客はたぶんそんなことなど何も知ってはいないだろう。

マンダレーからモンユワまでは西へ百六十キロある。ザガインからは百二十〜三十キロなので、三時間くらいで着く。

九時二十分頃、北のシユエボー行きとの分岐点を過ぎると、両側は田園地帯が続いた。山の見えない平地に続く田園は広い。広い田圃を区切るように、葉が小さくて乾燥に強い、ソーンツリーと呼ばれる棘《とげ》のある灌木《かんぼく》が、直線的に生えている。その灌木の中にポツリ　ポツリと背の高いニッパーヤシの木が生えている。この辺の家の屋根はニッパーヤシの葉でふかれているし、ロープや生活用具にもなるので、ニッパーヤシは大変重要な木である。

道の両側には切株田が続いているが、時々横切る小さな川には水がなく乾燥している。道沿いには、乾燥に強いニセアカシアやねむの木科の木、それにユーカリなどが生えている。道は、ここからは見えないが南側を流れる大川チンドウイン川に沿って西北へ向かっている。大川から僅か数キロしか離れていないのだが、大地は乾燥が強いのか、木々はあまり成長していない。

道を走るのは、車よりも中国製のオートバイが多い。時には白い大きなコブ牛が引く牛車も通る。乾燥した平地を直線的に続く道は、七十数年も前には舗装されていなかったろうが、たぶん同じ道を何万もの日本兵が歩いたり、車で通ったことだろう。

道沿いに村はほとんど見られない。村のある所にはマンゴウやバナナの畑、そしてヒマワリや西瓜の畑もある。何より、緑の葉の多い木々が茂っている。こんな乾燥した大地で人が住むには木々の茂る森が必要なのかもしれない。時々見かける森は人工的に育て、守られている木々が生えている所で人が住み着いている証しでもある。

九時五十五分に道沿いのサービスエリアのような所で休憩した。十五分と言っていたが、三十分も過ぎて十時二十五分に出発。バスは山の見えない乾燥した準砂漠のような平原の道を走る。邪魔する物や信号などないのでハイスピードで走る。間もなくモンユワへ通じる線路を横切り、初めての料金所を通過し、十時三十分にミンムーという町に着いた。客がいないのでそのまま走り抜け、十一時五分にはチャンダーという小さな町を過ぎた。この辺にはインドに多いコブ牛が沢山飼育されているようで、道沿いによく見られた。

沿道には家が少なかったが、やがて家が多くなり、大きな町が近づいているような感じがした。十一時四十五分にモンユワ郊外のバスターミナルに着いた。

このバスには、運転手の他に持ち主が乗っていて、料金を取っていた。四十歳くらいの体格の良い男は少々英語が話せたので、途中何度か、前輪のキャンバスが不具合なので、スピードを落とすよう注意した。その度に彼は「サンキュー　わかっているよ」と言って笑った。そんなことを注意する乗客、日本人に好感を持ったのか、途中いろいろと気を使ってくれていた。そして、ターミナルでは、外国人が乗ると高いので、私が値段を決めてやるからサイケでホテルへ行きなさいと、自分でサイケを呼び一、〇〇〇チャットでザガインのホテルから電話予約しておいた、シュエ・タウン・ターン・ホテルへ行くよう指示してくれた。

ホテルには十二時二十分に着き、一泊二十米ドルで新館二階の二〇二号室に案内された。

すぐに一階のフロントに行き、英語の話せる青年に、日本人墓地に行きたいむねを伝え、信頼できる案内人を頼んだ。

午後一時過ぎに四十二歳のパティと呼ばれる男が、オートバイでやって来た。彼に日本人墓地の写真を見せ、ここに行きたいむねを伝えると、彼はその写真を持って出て行った。十数分後に戻ってくると、場所が分ったと言うので、一時半に彼のオートバイの後に乗って出発した。

世界的に有名なアウンサン・スー・チーさんのお父さんであるアウンサン将軍はこの地方の出身で、モンユワの中心にある十字路に、馬に乗った将軍の銅像がある。そこから大通りのＢｏｇｙｏｋｅ Ａｕｎｇ Ｓａｎ Ｒｄを北西に約二キロ走り、サッカー場を過ぎた所で右方向の東へ折れた。町中の舗装された道を七〜八百メートル進み、今度は左折して、未舗装の人家の間に続く小さな道を三百メートルくらい走る。そして人家がなくなり、ビニール袋の散乱するゴミ捨て場に出た。パティさんは、そのゴミ捨て場の中にオートバイを止めて、ここだと言う。

オートバイを離れて周囲を見ると、左側の茂みの向こうに空地のような所があり、そこに墓石のような物が建っていた。よく見ると慰霊碑と記されていた。

立並ぶ6基の墓碑

茂みの木には棘があり、かき分けて入るのは大変だったが、なんとか中に入ることができた。そこには前四基、後ろに二基が並んで六基の大きな碑が建立されていた。

最初の慰霊碑には、〝水上勤務第三八中隊〟とあった。次は〝鎮魂〟と記され、その下には〝二十三師団二一五聯隊一中隊一同〟とあり〝鎮心安魂魄　昭和五十五年八月十五日建之〟と明記されている。

三番目は縦長の碑で、大きな字で〝殉國勇士之碑〟と記されている。そしてその横には小さな字で、〝昭和五十三年十二月八日建之〟とあり、その下に〝弓歩二一五慰霊巡拝団有志一同〟とある。この碑の台座には、それぞれの隊名を記した石板が入れ込まれていた。

そこには〝通信中隊　歩兵砲中隊　第九中隊　第二機関銃

墓碑の遺族名

中隊　第三機関銃中隊　そして、㋤六八二四部隊〟とあり、それぞれに人名も記されている。

　四番目の碑には、大きな字で〝慰霊〟と記され、その下に〝昭和五十四年十二月八日建之〟とある。その台座には〝弓歩二一五　㋤六八二四　部隊通信中隊会一同〟と記された石板が入れ込まれている。

　これらの墓碑が建立された当時は整地され、墓地らしかったのだろうが、今は周囲には、いばらやソーンツリーなどの灌木が生え、墓地内は雑草が生い茂っている。

　モンユワは、一九七五〜八〇年当時、日本人が訪ねることのできる西北端の町であったので、この近辺で、またはこれからさらに西北のチン・ヒルやインパール近くのタムの山や森で病死や戦死した兵士のために、その仲間が熱い思いで建立した碑は、草に埋もれてはいるが、今もしっかりと立ち続けている。

　私は、それぞれの碑の前に立って黙祷し、手を合わせて哀悼の意を捧げた。そして、次のように告げた。

「日本から来ましたよ。日本は平和で豊かな国になり繁栄しています。そのおかげで私は一人で地球上を一周し無事帰国できましたので、これからも日本が安定、継続するよう、青少年の健全育成活動を続けて参ります。これからさらに西北のカレーワ、カレーミヨそして、インパール近くのタムまで行きます。可能なら皆さんが行けなかったインパールへも再度行く予定です。無事帰国できますようお守りください。ありがとうございました。どうか安らかにお眠りください。」

この旅は、若くして戦病死された、帰らざる兵士たちに、日本の現状を伝え、戦中、戦後を生き抜き、世界各国を探訪することができた日本人の一人として、自分なりの感謝の気持ちを伝えるためでもあった。

日本人墓地

それぞれの碑は草や木の枝に覆われ、文字が隠れていた。刃物は何も持っていなかったので、靴で草をなぎ倒し、木の枝を手折《たお》って障害物を除けたり取り除いて、やっと撮影できた。

写真を撮り終わって周囲を見ると、墓碑の列から離れた茂みの中にレンガ作りの碑があった。草をかき分けて近づいて見ると、墓碑とは反対側の面に「モニワ日本人墓地」とあった。

カメラを置いて、両手で周囲の木の枝を折って、墓標がしっかり見えるように切り開いた。高さ一、五メートル、幅五十センチメートルほどのレンガを積み上げた碑には、右側に小さな字で〝昭和五十三年八月十五日〟中央に大きな字で〝モニワ日本人墓地〟とあり、左側に小さな字で〝弓歩二一五ビルマモニワ会一同〟と書いた白い石板が入れ込まれていた。

ここにある碑は、昭和五十三年八月十五日のものが一番早く、それから、五十四年、五十五年と三年間に建立されている。今から三十五年から三十七年前は、ビルマ戦争で生き残った日本人が、まだ五〜六十代の元気な時代である。

亡き戦友達のことを偲び、いたたまれずにこの地に戻って、これらの墓碑を建立したに違いない。しかし、その彼らも、今はもう八〜九十代になって大半が亡き人となっている。

戦後七十年、ミャンマー中央部の西にあるこのモニワ墓地は、日本人の孫の世代にはほとんど何も知らされず、ビニールのごみに囲まれ、雑草や棘のある灌木が茂り、ひっそりかんとしている。

可能なら墓地の前面に広がるビニールのごみだけでも取り除き、雑草を刈って整地をしてやりたい。ミャンマーは今大きく変貌しかけているし、モンユワ（当時の日本人はモニワと発音していた）は、大川チンドウイン川のほとりにあって交通の便がよく、昔から通商で栄えた町であり、これから大きく発展するだろうから、中心街から三〜四キロにあるここは、十年もしないうちに住宅地になるに違いない。そうなる前に、五十メートル四方を整地して、墓地公園にしてやればよいのではないだろうか。

雑草の中に一人佇んで、周囲を眺めながら、そんなことを考えた。

一時間以上も滞在していたが、墓地の中には入ろうとせず、オートバイのそばで待ち続けていたパティさんを招き入れ、墓石の前で記念写真を撮ってもらった。そして、彼のオートバイの後にまたがり、去りがたい気持を振り切ってホテルに戻った。

(三)　世界一高い立仏

モンユワの日本人墓地から午後三時にホテルに戻った。そして、これから何の情報もない、戦後においては未だに外国人、特に日本人は訪問できていないミャンマー西北部への旅を続けるために、ホテルの従業員の一人ヤミ君と話し合った。二十三歳の彼は英語が話せたし、機転がきく青年で、日本に関心があった。

彼の情報でモンユワから西北のカレーミョへ行くバスが、明後日の朝八時頃出発することがわかった。そして、この町で一カ所だけ外貨交換のできる店があることも知らせてくれた。

ホテルから西へ歩き、チンドウイン川沿いの道に出て、南へ歩くこと一キロほど行った所に、観光地のボーウイン山行き船着場があった。そこから二〜三十メートル東側の商店街に入った、大きな雑貨屋が外貨交換所であった。いろいろな物が雑然と置かれた広い部屋にある机に座った、シャン族か中国系と思われる中年の肥った男が、パスポートを見せて日本人を名乗った私に、三百米ドルを三〇九、〇〇〇チャットに交換してくれた。

これから約二週間、西北部を旅する予定だが、ホテルはドル払い、交通費や食事代などは現地のチャット払い。日本よりもかなり物価が安いので、三百ドル分もあればなんとかなるだろう。ミャンマーでは銀行で外貨交換することはできない。大きな町には外貨交換用の店があるが、小さな町にはない。たぶん、これから訪れる西北部の町にはないだろう。

その後、さらに東へ進んでマーケットに出た。そこから北へ折れて歩きシュエズイーゴオン・パヤーと言う、市内で最も大きい仏塔を見た。モンユワには町の中心に、二百メートルほど隔ててロータリーが二つあり、一つにはアウンサン将軍像があり、もう一つには時計塔がある。その時計塔近くに〝ヨーロッパ〟という、感じの良いモダンなパン屋さんがあった。午後六時過ぎて暗くなりかけていたので、何か食べようと思い、中に入って見ると食堂も兼ねており、中国、韓国、ヨーロッパなどの料理がメニューにあった。韓国料理に写真入りの巻き寿司があったので注文した。すると平皿に巻き寿司一本分が切って出され、小皿一杯のキムチがついていた。

ミャンマーの食堂で料理を注文すると、小皿三〜四個に各種漬物が付いてくる。多い時は十皿もある。ところが、これは何日間か、何週間か漬け込んで発酵させているので、発酵菌がついている。私にはこの雑多な発酵菌が合わないのか、腸内でガスが発生し、下痢をする。初めは気づかなかったが、どうもこの漬物が合わない気がして、数日前から食べることをやめていた。しかし、キムチを見て無性に食べたくなって口にした。キムチも発酵菌の作用があるのだが、これまでに日本でも韓国でも何度も食べており、下痢などしたことがないので、安心感があった。

後日談になるが、このキムチを食べて胃腸の調子が良くなり、翌日の夕食も食べた。それ以来、一週間ほど下痢をしなかった。隣国韓国の食文化が、私の胃腸に合うようになっていたことに気付かされた。

ホテルに戻ってヤミ君と話した。彼は明日の火曜日は休日だそうで、私をオートバイで案内してもよいと言ってくれた。それではということで、明朝一番で、カレーミヨまでのバスチケットを買った後、郊外のタウンボッテ寺院や世界一大きな立仏レーチョン・サチヤー・ムニを見物することになった。

一月十三日は七時半からホテルの別館一階で食パンと卵焼き、それにバナナ、パパイヤ、オレンジなどの果物で朝食を取った。そして、八時四十五分からヤミ君の中国製のオートバイの後に、フード付きのヘルメットを被って乗り、まずはバスセンターに向かって出発した。

各地方へのバス発着場は広く、早朝から混雑していた。私一人だったらなかなか探すことは出来なかったであろうが、ヤミ君が人に尋ねてやっと捜し当てた。そして、明朝九時三十分発カレーミヨ行きのバスチケットの前から三番目の席を、一二、〇〇〇チャット、約千二百円で買うことができた。これで間違いなくカレーミヨまでは行けることになった。

私は、マンダレーでミャンマー観光案内所を訪れ、ミャンマー西北部の旅行情報を得た。その時伝えられたのが、外国人はカレーワやカレーミヨまではマンダレーから飛行機で行けるが、その先は何とも言えないという。しかも、モンユワからは道が通っていないので、陸路で行くことはできないと言うことだった。しかし、モンユワには日本兵墓地があるのでどうしても来たかったし、地図では小さい線だが道があることを示しているので、モンユワまで行けばなんとかなるだろう、と不安を感じながらもやって来た。

戦後においては、日本人が誰も通ったことがないであろう道を通ってカレーミヨまで行けることになったので、ヤミ君の走らせるオートバイの後で、やったあ!、と叫びたい浮かれた気持ちになっていた。

舗装した道を走り抜け、十時前にモンユワ郊外のタウンボッデー寺院に着いた。日本軍がミャンマーにやってくる二年前の一九三九年に建立された寺院で、広い敷地内にはたくさんの建物があり、その中心になる本堂は、針山のような塔が林立し、異彩を放っている。この堂内には五十八万体以上もの大小の仏像が置かれている。この近くにらせん階段のついた高い塔がある。女人禁制なのだそうだが、塔の上に登ってみると周囲に広がる美しい緑の平原が見渡せるし、何より、針山のような珍しい外観のタウンボッデー寺院を上から見下せるので、一見に値する。

約一時間見物した後、ここから四~五キロ離れたボディ・タタウン村へ向かった。この村には最も新しい、世界一高い立った仏像があり、今有名になりかけている観光地である。

村に近づくと、小高い丘の上に巨大な仏像が見えてくる。なんと寝仏とその後に立った仏像の二体が重なって見える。

右の片手で頭を支えて横たわっている寝仏はシュエターリヤウンと呼ばれ、全長が一一一メートル、幅十メートルもある。その後ろにそびえ立つ仏像は、レーチョン・サチャー・ムニと呼ばれ、高さが一一五・八メートル、台座を入れると一二九・二メートルもあり、なんと鎌倉の大仏の十倍ほどの高さ。

なんでこれだけ巨大な仏像を造ったのかと言えば、世界を広く見渡すと、ミャンマーだけではなく世界の各地で未だに戦争が絶えないので、世界の平和と安寧を見守る意味が込められているのだそうである。

私たちは、そびえ立つ仏像の前の広場までオートバイを乗りつけた。そして、私一人だけで階段を使って二十六階の上まで上ることにした。

向って左側に入口があり、無料で入れた。造られてまだ間もないこともあって、多くの老若男女が入場している。一階ずつに沢山の仏像が安置され、そして壁には仏画が施されている。その各階を階段を使って一階ずつ上った。十二、三階までは完全にでき上っていたが、それ以上の階には仏像が少なかったり、仏画が壁に描かれていなかったりと、未完成であった。二十階にもなると足に疲れを感じる。青少年は元気に上っているが、中年以上は上になるに従って少なくなる。完成するとエレベーターが付くそうだが、まだ階段しかないので最上階まで行くのは高齢者には難行苦行だ。

各階の壁にはありとあらゆる仏画が描かれているし、多種多様な仏像も安置されているので、見応えがある。

「世界を広く見渡して、平和と安寧を守る」意味を込めて造られた立った仏像は外見はもう完成しているが、内部の上層階は未完成。

これが完成すれば、確かに世界一の立つ仏像であり、仏教文化の展示場であることにはまちがいないので、やがて平和のシンボルとして世界の名所になるだろう。

私は、仏像の首の所になる最上の二六階まで上った。最上階の部屋は五〜六メートル四方と狭くなっており、仏像が数体あるだけで、まだ壁画はなかった。それにしても巨大な仏像を造っての、世界の平和と安寧の祈念は、どこまで通じるのか疑問だが、その意気込みだけでも素晴らしいことだ。

十一時過ぎから十二時過ぎまで約一時間仏像の中にいた。階段を上り下りしたので巨大な立仏を出ると空腹を感じた。広場の陽陰に座って、ヤミ君と二人でそびえ立つ仏像を眺めながら、ビスケット、クッキー、バナナの昼食を取った。

この後寝仏を見て町に戻り、モンユワ駅経由で二時半にホテルに戻った。そして、三時半から街に出て、アウンサン将軍像のあるロータリーに面したホテル・チンドウインの事務員に頼んで、カレーミヨにある姉妹ホテル、チン・タンタンに電話してもらい、明晩の予約を頼んだ。ミャンマー北部の普通のホテルは、頼めば他の町のホテルの予約を取ってくれる。ホテルはすべて予約していないので、前の町のホテル事務員に頼んで、適当なホテルを教えてもらって予約して来た。

その後、市内のもう一つの大きな寺院スータ・ウンピー・パヤを見て、チンドウイン川の乾季で干

チンドウインの川辺で荷物を頭上に載せて

上がった広い川床を一人で歩いた。川幅が二〜三キロもあって橋がかけられていないので、対岸を往復する船の発着場が川床の端にある。夕方であったせいか、頭に荷物を載せてそこに向かう人の列が続いていた。チンドウイン川の川辺にある人々の営みは、七十数年前と同じような光景に違いない。

(二) 帰らざる者たちを捜して

(一) 秘境を越えて前線地へ

一月十四日、今日からいよいよ情報のない、未知の西北部への旅。何が起こるかわからないが、できるだけ進んで、西北端のタムの町までは行こうと思い、六時半に起きて身支度をし、七時半から朝食をした。八時半に約束をしていたヤミ君のオートバイでバスセンターに向かい、四十五分に着いた。

一人で九時半発のカレーミコ行きのバスを待つ。カレーミヨはセンユワから北西へ約二百五十キロも離れたインドとの国境に近い町。そこへのバスが九時十五分にやってきて乗り込んだ。なんと日本製のヒノ・レインボウと記された日野ディーゼルの中古車。その十二番の窓側の席。内側の隣には言葉が全然通じないが、なんとか判ったことは、カレーミヨに戻るという二十歳くらいの青年。

この中型バスは三十六人乗りで二人掛けの席が左右に九列あるのだが、後ろの二列は取り払われて荷物置き場になっているので、席は七列しかない。客は二十数名だが、荷物は満杯で重量オーバーのようだ。

バスは予定を過ぎ、九時三十五分に出発した。少し走って川沿いに出る。やがてチンドウイン川に掛る大きな鉄橋を左岸から右岸へ渡った。

道は舗装して平坦なので、バスは六〜七十キロで走る。大地は乾燥した赤又は黄褐色で、農耕地には適していない地質のようだ。そんな所にシーテイーと呼ばれる乾燥に強い果物の栽培が見られる。シーテイーは、本来この近辺に野生している木の名前。その実は十円玉くらいで小さいが水分を多く含んでいるので、水代わりにもなるし、淡白な味で食べやすい。それを改良して、ピンポン玉以上の大きさにして、今では果物として店で売られている。

その他にはニンニクや落花生などの栽培も見られ、沿道はチークの木が植えられている。道沿いにはあまり村が見られない。多分五、六十年前までは単なる乾燥地帯、荒野であったのではないかと思われる。

十時四十分頃、沿道の畑にそばのような白い花が満面に咲いていた。もしかすると豆かもしれないが、乾燥地帯には珍しい光景だ。

十一時前から進行方向左側の西に、段丘のような連山が見え始めた。やがて小さな村を通過し、そのはずれのサービスエリアのような所で休憩。運転手たちはここで昼食を取っていた。

バスは少し改良されており、車台が五十センチメートルも高く、車輪は大きい。これは雨期でも走れるようにしているのだろう。それにしても、日本では見かけない、腰高の車体で、ミャンマー独特のスタイルになっている。

この辺も準砂漠のような乾燥地帯で、道沿いには灌木が多い。陽差しは強いが、木陰に入ると涼しい。私は木陰に座ってボトルの水を飲み、出発を待った。

十一時三十分に出発したのだが、ここからの道は未舗装で悪い。やがて丘のように見えた山に差し掛り、上り下りの多い、そしてカーブの多い山道を、運転手はまるで競争しているかのように走らせる。休憩以前の道とは違って、補修などしたことがないような凸凹の多い道を、土埃を巻き上げてしゃにむに走らせるので、上下左右だけではなく、とにかく激しい振動で身体がバラバラになりそうだ。しかし、日本車なのでクッションがよく、なんとか我慢することができた。一つの山を越え、また山を越え、とにかく秘境のような密林地帯の悪路を走る。

マンダレーの観光案内所の女性職員たちが、モンユワからカレーミョへの道はないと言っていた。あるにはあるが、ひどい道で、まさしく秘境のような所で、普通のバスでは走りきれないようなひどい道が続いている。

十二時二十分、なんとか大きな峠を越したと思ったら、またもや大きな丘のような山の坂道を上るなんとか峠を越して谷底の方へ下り、平地の橋を渡って、一時過ぎにウインゴンと思われる小さな村に着いて休憩した。

とにかく、予期していなかった山坂の多い悪路。近代的な道という概念からはかなり離れた、原生林の中のデコボコ道であり、隣の人と話すことも眠ることもできないほどに揺れるので、心身共に疲れた。七十数年前に日本の軍隊は、この近辺を通って、カレーワやカレーミョに進攻している。たとえ軍隊といえども、こんな秘境の山坂多い道を越して進軍したり、後退することは、さぞや苦労したことだろう。ましてや武器や食料などを、幾つもの山坂越えて運ぶことなど、不可能に近いことだ。

私は、休憩中に持参のビスケット、乾パン、バナナ、シーテイーなどで、ボトルの水を飲みながら昼食した。

午後一時二十五分に出発し、平地の田園地帯を走った。この辺には落花生の畑が多い。雨季には稲作の水田が続くのだろうが、今は切り株の残る田圃が見られた。

午後一時五十分頃から、再び山岳地帯に入り、進行方向右の東側に、断層のような赤褐色の絶壁が見え始めた。この辺はアロンダウ・カタパ国立森林公園で、原生林が続いている。まだ人間の手がほとんど加えられていない秘境が続く。平地ではないが、比較的緩やかな山道を上下に走る。

さすが国立公園の中ほどあって、断層のような絶壁が折りなす光景は見応えがある。道がよくなって、もっと気楽に来ることができるようになれば、観光地になる自然条件は十分に備えている。何より、このカラフルな絶壁はいつ、どのような具合に発生したのだろうか。地質学的なことはよくわからないが、これは延々とカレーワまでも続いている。これからの道は、東側に絶えずこのカラフルな壁を見ながら大秘境を北へ進む。

詳細な地図がないので、地名はよく分からないが、午後二時二十分、多分クゼイクと思える大きな村に着いて、数人の客が下車した。この辺は水田が多い。西側の連山と東側の絶壁の間に二〜三キロの平地が続き、豊かな農業地帯で村が散在している。今は落花生の収穫期で、畑で働く人があちこちに見られる。

二時五十分、トンギーの村を過ぎた所で再び休憩。休憩所の近くに赤褐色の絶壁が迫っていた。と言っても一キロ近くは離れている。この辺は水田地帯だが、落花生の栽培も盛んなようで、サービスエリアのすぐ近くの畑で、収穫している農夫たちに近づいて撮影させてもらった。彼らは、大きな竹製の箱の内側に落花生の葉の付いていた方を持って、根の方を叩き付けて落としていた。一人の中年の女性が、一握りの落花生を手渡してくれた。日本の物よりかなり小さな粒は、生でも食べられるそうだが、それをポケットに入れたまま礼を言って離れた。

落花生の収穫

三時五分に出発し、徐々に下っているようで、絶壁が一層高くなっているように感じる。まだ素晴らしい水田地帯が続いている。この辺には、古くから人が住んでいるようで、ゆるやかな広い棚田が、よく整理されている。

三時五十分にテインゴーに着いた。下車する人は誰もいなかったが荷物を数個下した。ここを過ぎると水田地帯はなくなり、やや高くなった雑木林の中を走った。人の住んでいるような気配がなかったが、一カ所だけ道端の広場に白いこぶ牛が四、五十頭いる所を通った。

ところが、四時半頃、急な下り坂になってどんどん下った。とすると、今までの所が、かなり高地であったことになる。下り切って平地に出ると、絶壁は東の方へ遠ざかり、これまでの道とは雲泥の差で、かなり広くなって舗装されていた。なんだか救われたような気持ちになって窓外を眺めていると、大きな川が見えた。道沿いには田畑が多く、人の気配が感じられるので、町に近づいたなと思っていると、大きな鉄橋が見えた。バスはハイスピードで走り、あっと言う間に鉄橋を渡って、道が三差路になっている所で止った。

ここはカレーワの入口で、右の方へ川沿いに三キロほど行くとカレーワの町に着き、真直ぐ行くと北のモーライクの町へ行き、左の方へ行くと四〜五十キロにカレーミヨの町があるという。この橋の架かっている川は、チン・ヒルのあるカレーミヨの方から流れているメタ川で、カレーワでチンドウイン川に合流するそうだ。

ここでは十分止まっただけで、すぐに左折し、メタ川沿いに渓谷の北側の山麓についた道を走った。もう峠越えはなく平坦な道だが、カーブが多い。川沿いの山間を走っている五時三十分、山に陽が落ちた。なおも走り続け、五時五十分にはカレーミヨの大平原に出た。田園の中を走る道は二車線。真直ぐ続いているので、バスはハイスピードに走る。

午後六時になると辺りは薄暗くなり、やがて灯りが点《とも》った。六時十分にカレーミヨの町の入口に着いた。ここで大半の客、隣の青年も下車し、積み荷はすべて下された。

そこから十分くらい街灯の少ない町中を走って、午後六時三十分にバスセンターに着いた。しかし、明りがなく、暗いので、どんな所なのかさっぱりわからない。私は荷物を受け取って、バスの助手にホテルの名前を告げて英語で話しかけたが、助けてはくれなかった。バスの明かりの下で困っていると、一人の青年が近づいてきて英語で話し掛けてきた。彼はサイケの運転手で、私が口にしたホテルを知っていると言うので、案内を頼んだ。

街灯がほとんどないので、暗闇の中をオートバイで運んでもらい、十分もしないうちにチン・タン・ホテルに着いた。モンユワから電話予約していたので、すぐにチェックインしてくれた。ホテルの男の事務員は達者な英語を話したので助かり、二階の二〇四号室に案内された。

部屋は広く、ダブルベッドがあり、テーブルと椅子のセット、それに電話やテレビがあった。そしてホットシャワー、トイレがついているので文句なしだった。モンユワからのバス旅行は九時間もかかって大変だったが、ついにカレーミヨまで来た。

㈡　カレーミヨのチン・ヒル激戦地跡

一月十五日、早朝のカレーミヨは曇天で霞んでいた。七時半にホテルの一階で朝食し、出発の準備をした。昨夜約束をしたサイケの運転手、マナ・キー（三十歳）君が八時半に来たので、ホテルの事務員も交えて、この近くで日本軍の戦跡を見るにはどこへ行けばよいかについて話し合った。

マナ・キー君は英語の話せるチン族で、インドのインパールに近いミャンマー側の町、コンタルの出身。兄はコンタルで学校の先生をしており、父はその地方の部族長で、かつて日本軍から日本刀をもらったそうである。そんなこともあって、昨夜たまたま会ったのだが、親日家で大変物腰の低い信頼できそうな男だったので、昨夜別れる時、今日の案内役を頼んでおいた。

結局、マナ・キー君がカレーミヨから四~五十キロ西のチン・ヒルの村へオートバイで案内してくれることになり、案内料は一日一万チャットで九時十五分に出発した。

まず沿道の店で、ボトルに入ったガソリンを買ってタンクに注いだ。この辺にはまだガソリンスタンドのような所は少なく、普通の店のような所でボトルや缶に入ったガソリンを買って注入する。

西に向かって町を出るとすぐに山に入る。すでにチン・ヒルと呼ばれる大きな連山の取っ付きで、舗装された坂道を上る。やがてカレーミヨを見下すのに最も良い〝ヴューポイント〟と呼ばれる所に着いて町を見渡した。広いカレーミヨ平原が霞んでいるのではっきりは見えなかった。

彼の小さなオートバイの後に乗って、再び坂道を上り始めた。ヘルメットをしてはいるが、だんだん山を登るにしたがって、谷が深くなり、カーブの多い一車線の道を走るのは、なんとも危なっかしい。それにしても大きな山の斜面にへばりつくような道を延々と果てしもなく上り続ける。

標高一、二〇〇~三〇〇〇メートルの沿道に、桜の木が生えており、山桜のような花が咲いていた。この辺の一、〇〇〇メートルを越す山岳地帯には日本と同じような山桜が咲いている。

原生林に覆われたこの巨大な連山をチン・ヒルと呼んでいるが、植民地当時のイギリス人が、チン族が住む山を表現する名称として名づけたようだが、日本の山とは比較にならない規模の大きさで、見える範囲にはどこにも人間が住んでいる様子はない。とにかく、深山幽谷をただひたすら上り続ける。

マナ・キー君に、まだか、まだかと何度も尋ねたが、もう少し、もう少しと言うだけでなかなか着かない。人家はなく標高は高くなって空気は寒くなってくるし、車やオートバイもあまり通らないので、もしかすると誘拐されるのではないかと不安にもなる。

やっとのことで道沿いのタイ・ジェン村に着いた。なんとこの村の入口には、標高六、二五〇フィート（約一、八七〇メートル）の標識があった。私は肌着の上に長袖シャツを二枚着た上に布製のチョッキを身につけ、下半身はズボン下にコールテンのズボンをはいているのだが、少々寒く感じる。ここは、カレーミヨから四八キロの所にある村で、チン族が古くから住んでいるそうだ。マナ・キー君はこの村でオンさんと言う五十歳の男を案内人として雇ってくれた。オンさんは、幼少年の頃から父や母や村人たちに、戦争当時のことを聞いて、チン・ヒルの戦争状況をよく知っているそうだ。彼の九十二歳になる母親はまだ健在で、この村にいると言うので紹介してもらった。ターン・ゴンボさんは一九二三年の生まれで、一九四二年に日本軍がこの辺に進駐してきた時は、チン・ヒルの尾根にあるツクライ村の

ターン・ゴンボさん　92

兵舎跡

近くに住んでいたそうだ。

彼女は、当時、チン・ヒルの洞窟にいた日本軍の兵隊たちに、よく食糧を運んでやったそうだ。食糧が底をついていた日本兵たちは、食物を両手で受け取り、「ありまとう　ありまとう」と言っていたと言う。マナ・キー君の通訳で、ありまとうではなく、ありがとうだと教えたが、彼女は、ありまとうだと言って歯のない口をあんぐり開いて楽し気に笑った。九二歳にしてはしっかりした、快活な老婆でいろんなことを話してくれた。

彼女によると、今から十八年前の一九九七年に、チン・ヒルで戦った、かつての日本兵数名がこの村を訪れたそうで、当時の写真を見せてくれた。ターン・ゴンボさんと笑って立っている日本人たちは、彼女と同年代の七十代と思える老人たちであった。今ではもう九十歳は越しているであろう。

昼過ぎになるとチン・ヒルの頂上は風が強くなり雲がかかると言うので、オンさんにオートバイで先導してもらって、山をさらに上った。村から十数キロ上って、標高八、〇〇〇フィート（約二、四三八メートル）の峠に着いた。この辺は当時イギリス軍と日本軍の激戦地であったそうだ。

植民地時代のイギリス人は、この山岳地帯に住んでいた人々をビルマ語の名称と同じく、〝チン（裸）〟と呼んだ。そして、この山岳地を〝チン・ヒル〟と名付けた。しかし、チン族のマナ・キー君によると、彼ら自身は〝ゾウ・ミン〟と呼ぶ。ゾウは〝祖父や人〟を意味し、ミンは〝民〟であるので、〝ゾウ民族〟になる。これと同じような名称の人々が、中国南部の江西壮族自治区にもいた。彼はこのチン・ヒルを〝ゾウ・ガム〟すなわち〝祖父の大地〟と呼ぶそうだ。彼らもやはり中国大陸の南部から移動してきた人々の末裔のようだ。

チン・ヒル

峠から東側の少し下にあるイギリス軍が建設して、後に日本軍も使用した兵舎跡を訪れた。そこにはレンガを積んだ、高さ数十センチメートルの礎石だけ残って、かつて建物があったことだけをうかがわせる廃墟が広がっていた。その中には、七十数年の歳月の流れによって、赤い美しい花をつけたしゃくなげの木やうばめがしのようなブナ科の木が生え、それにコケが付き、蘭が沢山寄生していた。一見自然状態に戻っているようだが、礎石はまだしっかり残っている。

そこにしばらくいた。快晴なのだが風が強くなりそうなので、私たちは急ぎ足でチン・ヒルの頂上目指して歩いた。標高八、五〇〇フィート（約二、五九〇メートル）の頂上は、日本軍が掘った塹壕とトンネルの跡が、そこかしこに残っていた。

日本軍とイギリス軍とのチン・ヒルの攻防戦は大変激しかったそうだ。日本軍は初め、東側のソンカン・ロム（白い石の穴）と呼ばれる山の自然の洞窟を利用して駐屯し、西のチン・ヒルに攻撃を加えた。当時の日本軍は武器が少ない上に、食糧がほとんどなく、洞窟で寒さと飢えで多くの兵が死んだそうだ。それでも白兵戦で攻め入って、チン・ヒルを攻略して、ついに頂上を征服した。その後は、頂上にトンネルを掘りめぐらせて要塞化した。

頂上の塹壕跡

イギリス軍はさらに四〜五キロ西の高地、ケネディ・ヒルに後退し、そこから大砲による激しい攻撃を繰り返したそうだ。

ケネディ・ヒルは標高が八、八〇〇フィート（約二、六九九メートル）もあり、この辺では一番高い山で、チン語ではターモア（有名山）と呼ばれる聖地でもあったそうだ。イギリス軍は、そこから絶えず大砲を打ち込んだそうで、チン・ヒルにはその砲弾が炸裂してできたタコツボのような跡が無数にある。

チン・ヒルの頂上東側の木が生えている所には、三十メートル四方くらいの窪地がある。ここは日本軍の指令部のあった塹壕跡だそうだ。オンさんが何故詳しく知っているのかよく聞けなかったが、ここに部隊長がいたと言う。しかも、この近くの塹壕の一つで、食料輸送隊の隊長が、飛行機の爆撃で死亡したことまで知っていた。

頂上近辺の塹壕跡を掘れば、日本軍が使っていたものがあるだろうと言う。オンさんは日本兵の鉄兜や銃剣を持っていたし、彼の父親は指揮官が腰に吊るしていたサーベルを持っていたそうだが、一九九七年に村を訪れた日本の元兵士たちに渡したと言う。

チン・ヒルの峠で学生たちとの記念写真

彼の母のターン・ゴンボさんはイギリス軍によって一九三〇年〜一九四〇年に建設された旧道の建設工事を、両親や兄弟姉妹で手伝っていた。そして、その後やって来た日本軍に食糧を運んだというのは、ソンカン・ロム山の洞窟であったそうだ。現在のチン・ヒルの舗装された新しい道は、ビルマ独立後の一九五八年に建設されたと言う。

チン・ヒルの新道の通る峠から上の西側にはほとんど木が生えていない。それは西の、バングラディシュであるベンガル地方から激しい季節風が吹きつけ、木が育たないためで、昔から草地なのだそうだ。チン・ヒルの頂上には一年に一、二度、夜雪が降るが、朝日が出るとすぐに消えてしまう。しかし、十年に一度は雪が積もるそうだ。

私たちは午後二時まで頂上にいた。そして、日本軍も使ったとされる旧道を通って下りた。旧道沿いにはシャクナゲの古木があり、信じられないほど美しい赤やピンク色の花を咲かせている。七十数年前の激戦が信じられない、悠久の昔から変わりないシャクナゲが咲き誇っていた。

峠から再びオートバイにまたがり、タイジエン村に戻って遅い昼食を、オンさんやターン・ゴンボさんたちと共に取った。そして、マナ・キー君のオートバイの後に乗って、長い長いチン・ヒルの下り坂を、一時間もかかって下り切った。その後、彼の勧めで、チン・ヒルの麓に新しく建設されたという、大変広範囲の敷地を持つカレー大学の校内を走って見学した。長い一日だったが、夕暮れの五時過ぎにやっとホテルに戻った。万歩計を見ると、チン・ヒルを歩き回ったので一八、二八五歩も歩いていた。

(三) 最前線の町タムへ

いよいよこれからインパールに最も近い、ミャンマー西北の国境の町タムへ向かう。

マンダレーのミャンマー観光案内所に、タムへの旅行許可願いに訪れた時、対応してくれた事務員とは次のようなやりとりがあった。

「外国人は、飛行機でカレーミヨまで行くことはできますが、その先は無理です。」

「タムへ行くことは禁止されているのですか。」

「禁止されているわけではない。ミャンマーには旅行が禁止されている地域はないです。」「それでは行ってもよいのですね？」

「よいとか、よくないとかとは言えません。あなたがどうしても行きたいのなら自己責任による行動を取ればよいです。」

「それでは、タムへの旅行許可書を出してくれませんか」

「許可書など出したことがありません。もし出すとしても、十日以上は要ります。それでもよければ検討します。」

「十日も待てません。もし私がカレーミヨからタムへ行っても罰せられることはありませんか」

「それはないです」

「それじゃ行ってもよいということですね」

「行ってもよいとは言えません」

マンダレーの政府観光案内所でのやり取りは、こんな具合であった。

外国人（インド人以外）はほとんど行かないそうだが、なんとしてもタムへ行ってみたかったので、チン・ヒルから戻った夜、ホテルの従業員やマナ・キー君と話し合った。

マナ・キー君は行ったことがないのでよく知らなかったが、タム行きのバスが出ていることは知っていた。ホテルの従業員はオートバイで行ったことがあり、外国人用の〝パワーホテル〟があることも知っていた。そこで、彼に頼んでそのホテルに電話をしてもらって予約を入れた。

あまり情報はなかったが、外国人としてのインド人が多い町だそうだ。今のところ危険性は少ないようなので、意を決してタムへバスで行くことにした。

翌一月十六日、カレーミヨは曇りで肌寒かった。ホテルからタム行きのバス発着場まで、マナ・キー君のサイケで送ってもらい、午前八時発の乗り合いバスに三、〇〇〇チャット払って、運転手の隣の前席に乗った。

バスは前世紀物のオンボロ。こんなに古いバスが使われているとは驚きだ。といっても現に走っているし、客は現地の人が二十数名乗っている。なんだか時代スリップしたような感じがするが、前を向いて座っている限り、エンジンは快調なので何も問題はない。

カレーミヨからタムへは百三十一キロあるそうだが、道はまず五十キロ東のカレーワの方へ数キロ戻って、左折して北へ向かう。盆地のようになっているカレー平原を北へ直進する。沿道には並木があり、素晴しい水田地帯が続いている。

舗装された二車線の道を、日本の風景のような田園地帯をオンボロバスが、エンジンの音を響かせて走る。はるか左の西の方にはチン・ヒルが続き、右の東の方には丘のような低い山が続いている。道は舗装されているが、鉄橋を通るたびにガタガタとうるさく、バスが大きく揺れる。

ホテルの従業員によると、カレーミヨとタムの間には川が多く、とにかく多くの鉄橋や鉄板の橋があり、そこを車が通るたびにけたたましい音を出すし、スピードを落とすので通行し難いと言っていた。それではどのくらいの橋があるのか数えてみることにした。着いてから分かることだが、なんと四十六個もの橋がかかっていた。ということは、雨季には西のチン・ヒルから流れ出る水量が多い証明でもある。

今は乾季で水量は少ないが、道の左側に広がる水田地帯は、西の方へ緩やかに傾斜している。まだ耕作されていない切り株田が、豊かな稲作地帯をうかがわせる。

午前九時二十二分頃から道が北に向かってやや上り坂になり、道の両側は雑草地で、チークの木が植えられている。やがて沿道に村があり、再び水田地帯になった。この辺はキリスト教徒のチン族が多かったせいか、今、仏塔を建立するために、沿道に旗を立て、通行人に寄付を仰いでいる光景がよく見かけられる。キリスト教徒であったチン族の地域に、仏教徒のビルマ族が侵入してきて、仏教化している社会現象の一端でもある。

九時五十分頃、西側の山脈が近づき、東側の山が遠のいた平原の道沿いに、ミカンやバナナ、パパイヤ、パイナップル等を売る小さな店が並んでいる所に止まった。近くに村は見えていないが、三〜四人の客が下車した。バスが止まると、若い十六、七歳の娘が五、六人果物を手にして大声で乗客に呼び掛けた。私は網袋にポンカン六個入ったものを買った。香りは良かったがあまり甘くはなかった。

十時十分には、二十七番目の鉄橋を渡った。大型のバスやトラックは鉄橋を渡らず、重量オーバーなのか川底に下りて通っていた。それと二頭の牛が引く牛車は橋を渡ることなく、川底を通る別の道を使っていた。これは、狭い橋を速度の遅い牛車が通ると、自動車の通行の邪魔になるからのようだ。

十時半過ぎから家が多くなり、水の流れる川に三十五番目の大きな鉄橋があった。両側に雑木林が続く道を進んでいるうちに、十時四十五分、左側に大きな金色の新しいパコダが見えた。近辺には村はない。灌木林の中に作為的に建立されたような、不自然な雰囲気だった。

午前十一時、道の両側に見えていた山脈が遠のき、再び水田地帯が続く。沿道に家が多くなり、ぽつりぽつりと農村が見られる。

午前十一時二十分にはタムの入口に着いて、通行する乗り物はすべてチェックを受ける場所に入った。係員がバスの中を見たが、別に何のチェックもなかった。もしかすると現地の人たちとあまり変わらない容貌の私に気付かなかったのかもしれない。

バスはそこを出ると、林間に家があるような閑散とした通りを走り、四十六個目の橋を通って、十一時三十五分に、タムの中心街の三差路の所で止まった。

バスを下りて、さてどちらへ行けばよいのかと町を眺めていると、カレーミヨから三時間半も隣に座っていたので、なんとなく親しくなっていた運転手が、サイケを連れてきて、予約していたホテルへ案内するように指示してくれ、地図など何の情報もなかったが、五、六分で苦労することなく目的地に着いた。

「Power Guest House」と表記したホテルは、コンクリートの三階建ての建物だったが、一階に受付があり、三十代の男が一人いた。彼には英語がほとんど通じない。パスポートを見せて名乗ると、カレーミヨのホテルの従業員が予約してくれていたので、すぐにチェックインしてくれた。

まず案内されたのが一階の部屋だったが、これは暗くて狭いから断る。二階、明るくて広いが、ホットシャワー、トイレがない。三階の部屋はツインベッド、ホットシャワー、トイレ付きなので、三〇一号室を一泊二万チャットで三泊することにした。このホテルは、ミャンマーでは初めてのことだが、ドルを受け取らず、チャットかインドルピーしか通用しなかった。タムではどの店もチャットかインドルピーしか受け取らない。東のタイとの国境の町タチレイと同じようで、ここではインドとの通商が盛んで、インド人の訪問が多いようだ。

ホテルの前には三階の建物があり、〝TOYOTA〟の看板があり、自動車部品を売っている。ここにも日本の中古車が多く、なんとなく安心感がわいてきた。

㈣　インドとの国境タムとモレー

タムの町は晴れていた。ホテルの三階から西の方へは、インドの山々が見える。街はトタン屋根の家と三階のコンクリートの建物があり、新旧入り混じった家並みでまだ整備がされていない。

タムは、西のチン・ヒルと東のハシイエン・ヒルと呼ばれる低い連山との間に南北に長く伸びたカボウ谷にある。しかもチン・ヒル北部の東麓にある人口数万人の町で、まだあまり発展していない。そんなこともあって人口数を知っている人には会えなかった。主な道はホテルの前のボギヨチュ通りが一本あるだけ。

ホテルでポットに入ったお湯をもらってお茶を飲んだ。午後一時に外に出て、メインストリートの

タムの町

ボギヨチエ通りを、バスが着いた方の西側へ四百メートルくらい歩いた。バスが止まった三差路の所にはサイカ（三輪タクシー）が五、六台止まっていた。そばを通ると運転手たちが現地語で呼び掛けてきたが、そのまま通り過ぎた。

三差路から二百メートル行ったところがT字路になっており、東への道はボギヨチエ通り、南へはカレーミヨ、北はインドとの国境へ通じている。

三差路とT字路の間の右側に〝Water World〟と横文字表記のある、池の上に作られた大きなレストランがあったので、昼食した。そしてジョッキに入ったビールを飲みながら、ついにタムまで来ることができた満足感に浸り、椅子に座ってゆっくり休んだ。

大変広いレストランで、インド人らしいお客も多く、なんでも百人は入れるくらいの広さ。それに個室やトイレもある。トイレの前には、見せ物としてか、大きな黒熊が入った鉄製の囲いがあった。ここではアルコール類やコーヒーもアイスクリーム等もあり、夜は飲食兼用のクラブのようになるのだろう。さすが国境の町で、女性従業員の数が多く、動きも速い。注文にもすぐに応じたが、英語はほとんど通じなかった。

午後三時前にこの店を出て、三差路に行ってサイカの運転手たちに英語で話し掛けた。体格の良い三十歳前後の男が応答した。彼はチン族だが仏教徒で、英語が少し話せた。ゾー・ミュー・メーンという三十四歳で、タムの南にあるカボウ地域の出身だと言う。

日本人であることを名乗り、サイカをチャーターして国境のイミグレーション事務所に案内してくれるように頼んだ。彼の運転するサイカで、四～五キロ北の国境事務所へ行った。そして移民局を訪ねると、黒褐色のジャンパーに、黒褐色に灰色の線の入った地味な布、ロンジーを腰に巻いた中年の男が一人座っていた。そして、立ち上がって、いきなり「ミスターモリタ」と呼ばれて驚いた。初めて会う移民官に自分の名前がなんで知られているのだろうと不安な思いをしていると、彼は、私のパスポートのコピーを右手で持ち上げて見せてくれた。

ミャンマーはどこのホテルに泊っても、最初にパスポートを提示しなければならない。ホテルの事務員はそれを三部コピーし、たいていすぐにパスポートを返してくれる。そのコピーがどう使われるかは知らなかったが、パワー・ゲスト・ハウスでのコピーの一部が、すでにこの移民官の手元に届いていた。

理由が分かったので安心し、「イエス　アイ　アム」と笑いながら握手した。彼にすすめられて近くの椅子に座って、彼に話しかけた。

「これからマニプール州のインパールへ行きたいのだが、インドの入国ビザを取っていない。多分国境で取得できると思うが、出国できますか」と尋ねた。

国境の橋と移民官

「出国はできるが、まず入国ビザがないとインドへ入国することはできない。国境では取れないので、入国できないとミャンマーに戻ってくることになるが、今度はミャンマーの入国ビザがないので入れない。一度出国すると、このビザは無効になる。そうすると罰として投獄される。そんなことになってはいけないので、ビザを取って出直して来なさい」

彼はマンダレーにインド領事館があると言ったが、マンダレーでいろいろな人に尋ねたが、誰も知らなかったので、ないものと思い込み、インドの入国ビザを取っていなかった。

移民官は、ここで日本人に会うのは珍しいと言って、大変親切に対応してくれた。なんとかインド側に入りたいのだがと頼むと、それでは国境の橋を密かに見せてやろう、と外国人立入禁止の所へ案内してくれた。

アウン・テン・チョーさん五十二歳は、移民局の補佐官で、裏庭を通って進み、四〜五メートルも高い岸を下りて、川辺の岩場に出た。この川は〝モフィヤー川〟でインドとの国境。川幅三十メートルほどの対岸はインド。その左の川上に五〜六メートルも高い所に三層になっている大きな鉄橋があった。国境がはっきりするために手前のミャンマー側の半分が黄褐色に、インド側の半分が白く塗られている。対岸にインド軍の兵士がいるから気を付けるようにと言って撮影させてもらった。

彼にモレーはここから遠いかと尋ねたら、四〜五キロ先だと言った。サイカでナンファロー村に案内してもらうと見ることができるそうなので、近くで聞いていた運転手のゾウ君にそのことを伝えた。

移民官は二、三百メートル川下に見える橋〝カンジーワ〟を通って行けばよいと教えてくれたので、国境からタムの町の方へ二キロほど戻って、別の新道を通って西の方へ向かった。そして、カンジーワ橋のたもとで撮影していると、チェックポイントにいた係員が急いでやって来た。「この橋は撮影禁止だ」と言ってカメラを私から取り上げた。私が困っているとゾウ君が、彼に先ほど移民官が撮影してもよいと言ったと告げると、それなら行けとばかりにカメラを返して右手を前に振って進行を促してくれた。

その橋からさらに四キロくらい進んだ所にナンファロー村があった。ここにはこのタム地方の人にはよく知られている大きなナンファロー・マーケットがある。

ゾウ君は村の入口に三輪車を止めて、マーケットを案内してくれた。驚いたことに、マーケットは大変大きくて、人出が多く、活気のあることだった。一本の通りの両側にありとあらゆる物を売っている色彩豊かな店が、軒を並べて三〜四百メートル続いている。幅四メートルほどもある通りには老若男女、特に若者が多い。一体どこからこれだけの人が集まっているのか不思議なので、ゾウ君に尋ねてみた。

この村はモレーの村と接しており、大半の人はインド側からきているそうだ。確かにマーケットの行き止まりが国境になっており、検問所らしきところがあって、人が出入りしている。村人たちは特別の許可書を必要とせず、お互いに行き来しているそうだ。特にインド側からの若い男女が買い物というよりも観光気分で遊びに来ているそうだ。インドといっても、一筋縄ではくくれない。例えばナガ系、マニプール系、ミゾラム系、アッサム系、ヒンディー系、それにネパリ系やバングラ系、アラブ系などありとあらゆる多種多様な人々で、まさしく国際色豊かである。

マーケットの行き詰まりの検問所らしき所に十メートルくらいまで近づいて、人々が出入りしている所を撮影した。そこは二十メートル四方くらいの広場になっていたが、私はほぼ中央に立っていた。係員は見ていないだろうと思っていたが、一人の軍服のような服を着た三十代くらいの男が走ってやって来て、

国境ゲイト

いきなり私のカメラを奪い取り、右手を掴んで何か言った。

予期していない突然のことだったので驚いた。同時に右手を振り切って二~三歩下った。そこにゾウ君が割って入り、何か説明した。武器は持っていないが軍服姿の男は怒っているようだった。どうも撮影したのがよくなかったようで、カメラを返してもらえないのではと不安になる。ゾウ君にカメ

ラを返してくれるように頼んでもらったが、なかなか返そうとせず、厳しい表情をしている。

突然、ゾウ君が私のメモノートを要求し、先ほど移民官に名前を書いてもらったページを見せ、何か説明した。すると、男はカメラを渡し、手を払うようにしながら何か言って戻った。そしてゾウ君はビルマ族の軍人は恐いですよと言って、私の手を引き、逃げるようにマーケットの人混みの中に入った。

彼の説明によると、ここは撮影禁止で、しかも外国（インド人以外）の観光客が来る所ではないので、カメラを取り上げたのだそうだが、メモノートに記された移民官の名前を見せ、彼が、日本人の私がここに来ることを許可したと説明すると、わかった、日本人を連れて早く立ち去れとのことだったそうだ。

移民官が、日本人は珍しいと親しくしてくれたので、私の名刺を渡し、彼の名前をノートに書いてもらっていたのだが、まさかこんな利用価値があろうとは夢にも思わなかった。

私たちは百メートルほど引き返し、左に折れて露地に入った。ターバンを巻いたシーク教徒の青年に、モレーの村を見たいのだがと尋ねたら、彼はすぐ近くの階段を指差し、上ればよく見えると言った。

私たちは家の裏についていた階段を三階まで上った。すると目の前は半分湿地帯、半分水田が広がっており、山麓にここと隣接した村があった。

「あの村はもうモレーですよ」

モレー

ゾウ君の説明によると、山麓から斜面にかけてある地域は古くからある村で、低い山の上の方にあるモダンな建築物は新しい地域だそうである。一九四四年頃のビルマ戦争時代の地図によると、モレーはビルマ側になっているが、今は、タム地区のナンファロー村と二つに別れ、山麓側がインド、平地側がミャンマーに分断されているようになっている。村のはずれの高台に見張り塔があり、その下に木のない溝が北の方へ続いている。それが国境線だそうである。

一九四四年のインパール作戦中においては、タムやモレーには沢山の日本軍が駐屯し、最前線はモレーの低い山をもう一つ越した、西側の山にあるチャモールであったそうだ。

私は、従軍新聞記者であった丸山静雄さんが、一九八四年に出版した「インパール作戦従軍記」を何度も読んで、この旅の準備をした。彼は、一九四四年七月にここタムやモレーから撤退する兵士たちと共に行動していたが、彼の本の中に次のような文章がある。

〝モレーはカボウ谷地の作戦基地、兵站基地だったのである。それだけに前線から下るものはモレーを目標にした。モレーに行ったら米があるだろう、車輌があるだろうと、その一点に望みを託し、むくんだ足を引きずってきた。

ところが、来てみると、そこで扱うのは部隊用の食糧のみで、ここの兵隊の糧食は、さらに一キロ引き返した地点で支給されると言う。しかし弱り切った兵隊には、もはや一キロ歩くだけの根気はない。一キロと聞いただけで息を引きとるものもあった。多くのものが付近で倒れた。文字通り累々たる死体であった。貨物廠の兵隊が五、六人、裸になって、幅二メートル、長さ三メートル、深さ一メートルほどの大きな穴を掘り、死体を次々に穴に投げ入れていた〟。

このような文章に触れた時、これらの死体は、その後どうなったのだろうかと不安に駆られ、いたたまれない気持ちになっていた。

一九四四年七月に、インパール作戦を中止して日本軍がこの地から撤退して以来、多分日本人がこの地を訪れたのは初めてではないだろうか。

多くの日本兵が、この近辺でも戦死や病死しているとのことだったので、モレーの村と山麓の森に向かって手を合わせ、黙祷して哀悼の意を捧げた。

この旅では、可能な限りタムまで来ることを目的とした。インパール作戦では、日本軍はインパールを攻略しきれなかったし、最前線地が、その手前のパレルやチャモールであった。ということは山を一つ東に越えたこのモレーやタムも前線地の一部なのである。

日本を出発する時には情報がなく、不明なことが多く、ミャンマー西北部のタムへの旅は不可能だとされていたが、タムに隣接するモレーをも間近で見ることができた。

ここまで来たら、タムから撤退する途中に多くの兵士が飢えと病気と疲労に倒れ、白骨街道とも呼ばれるほどの惨状を呈した、川近くから続いていたという森林地帯の現場に行ってみたい。

そんな思いをかみしめながら、モレーからサイカに揺られてタムに戻った。

㊄ 白骨街道の密林に呼び掛けて

タムの〝パワーホテル〟のロビーでは、初老の人々が十人ほど座っていた。夕食から戻った午後七時ごろ、彼らの一人が私にジャパン、ジャパンと呼び掛けて、一緒に座ってお茶を飲むように勧めてくれたので彼らに加わった。何人かは英語を話した。

彼らのうち六人は、ヒンズー教系の高校の校長で、ネパール、バングラディシュ、そしてインドのマニプール州やミャンマーのヤンゴンなどからで、五日間の各国校長の連合会議のために滞在していた。そして一人は六十四歳のヤンゴンから商売に来た仏教徒の商人。もう一人は、このホテルのオーナーで、イスラム教徒。彼は五十代なのだが独身だそうである。

ヤンゴンの商人ハニフさんは、私より年上だと言っていたが、私が十歳も年上であることを知って驚いた。そして、長男はヤンゴンで商売をしており、次男はロンドンの銀行に勤めている。二十八歳の三男は是非日本で働かせたいので、よろしく頼むなどと、冗談口をたたいた。

十年ほど前に開業したというホテルの主人は、日本人がここに泊まるのは初めてだと言っていたが、あまり話さない静かな人だった。商人に言わせると、銭の亡者で結婚しないのだ、などとからかってもいた。

丸山静雄さんの「インパール作戦従軍記」には次のように記している。

〝わたしの退却はチン高地のチャモールからはじまる。ここから山を降りてカボウ谷地に出るまでが第一段階、第二段階は白骨街道と言われたカボウ谷地をチンドウイン河畔のシッタンまで下る道程、第三段階はチンドウイン河を渡り、シュエボーにいたり、さらにメイミョウにたどり着くまでである〟

彼が書いている第二段階のカボウ谷地のタムから東のシンタンへ向かう時の川の名前を〝ロクチャオ河〟と記しているが、現地で確認したが、ロクチャオという川は誰も知らなかった。ヘシンという地名もわからなかった。

〝第一関門であるモレーの渡河点（これはモフィヤー川だと思われる）はようやく通過したが、次にはヘシンの渡河点が待っている。

中略
やがてヘシンの渡河点に着いた。ここも大きな濁流である。ところが小舟は二、三時間前に流されて渡河の方法がなかった。
中略
ヘシンの川は来る日も、来る日も濁流滔々。河を見ていると、またもや雲のなかに爆音が聞こえ、やがて爆音が近づいてきた。万事休す。ここは開豁地で、遮蔽物がない。見渡すと、昔の橋桁が僅かばかり残っていた。その下に、わたしは駆け込んだ。兵隊が一人寝ていた。偵察機はしばらく上空を旋回していたが、折よく雲が低く視野が利かなかったせいか、やがて去った。
ホッとして、わたしは傍の兵隊を見た。おやっ白骨の兵隊だった。なるほど戦闘帽を被り、服を着、手袋をはめ、靴を付けている。しかし、つけているのは白骨だった。頭蓋骨が戦闘帽を被り、白骨の手が手袋をはめ、白骨の足が靴を履いているのである。〟

ここに書かれたヘシンの川を確かめたかったので、ホテルの主人に尋ねたが知らなかった。彼はヤンゴンから移住していたし、タムの人は誰もいなかった。しかし、彼らの話によると、それはカボウ谷の中央部を北から南へ流れている〝チャンリー川〟だろうと言う。

そのチャンリー川に明日行くにはどうすればよいかと問うと、道が悪くて車では行けないのでオートバイを借りて行けばよいと言う。自分で運転するわけにはいかないので、誰か雇ってくれるように頼むと、ホテルのボーイに協力させせようと、話がまとまった。

イギリスの植民地時代の横文字による地名や名称はイギリス式の発音だが、同じ表記でも、今日のミャンマー式の発音が違う。七〜八十年前と今ではあらゆる名称がちがっているので、現地の人でもすでに古い呼称が分からなくなっている。

翌一月十七日午前七時は、どんより曇っていて、霞んで視界が悪かった。ホテルには朝食が付いていないので、昨夜買っておいたパンと青竹に米を入れて蒸し焼きした飯、それにバナナを部屋で食べた。

午前九時半、ホテルの従業員でホ・ナイウーという十八歳の青年が自分のオートバイで案内してくれることになった。彼は髪の手入れが悪くぼさぼさで、身長百六十五センチメートルほどのやせ型。日本の青年と変わりないようなかっこうで表情も似ている。ゴムゾウリをはいており、何とも素朴な若者のようだ。ところが、この青年は子供の時インドのミゾラム州からタムへ家族で移住したチン族だそうで、学校へあまり通っていないらしく英語が全然話せない。

とにかく、ホ・ナイウー君の運転するオートバイの後にまたがってホテルを出発。初めは南へ向かう舗装した道を走ったが、五分もすると東へ折れ、未舗装の狭い、がたごと道に入った。今工事中でとにかく悪路。その道を約十キロ、灌木林の中に所々に家がある風景を眺めながら二十分くらい走った所に川があった。この狭い悪路はここで切れていた。

彼はそこにオートバイを止め、歩いて川床に下りたので、私も続いた。これがチャンリー川で、この場所がタムから東のシンタンへ向かう旧道の渡し場。そこには川船が一艘引き上げてあった。

川幅は七、八十メートルあるが、今は乾季で水量が少なく、水の流れている幅は十数メートル。そこに板が渡してあり、対岸へ渡れた。

私たちは対岸に渡って川下の方へ歩いた。川沿いは畑になっており菜種が植えられていた。川下へ二キロくらい進んだ所から東の方に森林地帯が始まった。南へ流れる川の左岸は、岸から二百メートルほどは農耕地になっているが、それより東側は少し段丘になっており、森林、ジャングル地帯である。その向こうにはハシイエン・ヒルと呼ばれるあまり高くない山系が南北に走っている。そこにはシッタンという地名があることになっている。

多分、このチャンリー川から東への森林地帯の道が、「白骨街道」と呼ばれた地域ではあるまいか。私は今、その起点である川沿いを歩いているのだろう。

チャンリー川と東側の森

三キロほど進んだ所に川を横切る新しい道が建設中で、農耕地を抜けて東の森へと続いている。たぶん、これが東のシッタンへ通じる新しい道路に違いない。

その新道近くのトウモロコシ畑で数人の女性たちが農作業をしていた。ミャンマー語の手引書を手にして、ここは何処かと尋ねた。彼女たちはチン族なのかなかなか通じなかったが、やっとのことでここが〝ノタウンニー〟という所であることがわかった。そこからさらに一キロほど歩いた所で、竹とワラで作られた高床式の素朴な家があり、七、八十年前と変りないような、人々の素朴な生活や野良仕事を眺めた。天候はいつの間にか快晴になって暑かったので、これ以上川下へ進むことをあきらめ、同じ道を引き返した。

ノタウニーまで戻って、新道の建設地でまだ橋のない川を渡る牛車や工事用のトラック、それに現地の人たちが一枚板の上を歩いて渡る光景を眺めた。しばらく見ていたが、思い立って新道を東の森林地帯に向かって歩いた。一キロも入ると、まだ工事中であった。

旧道の入り口

建設中の新道の横に牛車が通れるような旧道があった。案内役のホ・ナイウー君をそこに待たせておいて、私は一人で狭い旧道を歩いて数百メートル中に入った。大木に覆われてうっそうとしている道を歩いていると、なんとなく冷気を感じた。もしかすると、これは白骨街道なのではあるまいか。

多くの兵士が、道沿いに連れ立つように横たわり、亡くなられていたそうだが、インド、ビルマ国境地帯の暑熱はたちまち死者の肉体を融かし、激しく、強いアッサムの雨がたたくと、一週間もすると、白骨と化してしまう。と、丸山静雄さんが表現している白骨街道とは、この森から東のハシイエン・ヒルにかけての道であったのに違いない。

私は立ち止まって周囲を見回した。白骨などはないが、葉の大きい木々と枯枝や落葉が散乱している。七、八十年前と変わりないような自然林の静粛さが漂っている。

「おーい、おーい、おーい、日本から来たよ。日本から来たよ……」

私は呼び掛けるように大声で叫んだ。その後、何といえばよいかわからず、ただ茫然と立っていた。本当は「迎えに来たよ」と叫びたかったが声が出せなかった。

しばらく一人佇んでいたが、なんとなく淋しくなって引き返した。ホ・ナイウー君を促して川まで戻り、右岸へ渡った。疎林の中に藁葺《わらぶき》の高床式住居がポツリ、ポツリとある村を通る。切り株の残る田圃があり、稲わらを円筒型に積み上げた藁ぐろもある。水牛がのんびり草をはむ、のどかな田園風景の中をゆっくり歩いて午後一時半頃、オートバイを止めておいた、タムから東への渡し場に戻った。

㈥ 知られざる英雄の死に場所

三時間以上もチャンリー川沿いを歩いて、再びオートバイを止めておいた、タムからの旧道の渡し場に戻って、川床に引き上げた小舟に腰掛けた。

丸山静雄さんの「インパール作戦従軍記」にある、ヘシンの渡河点が不明だが、現場を踏査して言えることは、タムから東へ続いている旧道がチャンリー川（彼はロクチャオ河の下流と記している）に突き当たるこの渡し場こそが、ヘシンの渡河点にちがいない。そう思いながら幅十数メートルの澄み切った水の流れを見つめた。この小さな川が、六、七、八月頃の雨季には、川幅七、八十メートルもの濁流になることが信じられなかった。

彼はヘシンの渡河点について次のように記している。

〝第一の関門であるモレーの渡河点（これはモフイヤー川にかかる旧道の橋の地点だと思われる）はようやく通過したが、次にはヘシンの渡河点が待っている。

中略

やがてヘシンの渡河点に着いた。ここも大きな濁流である。

ところが小舟は二、三時間前に流されて渡河の方法がなかった〟

中略

やがて渡河点では川を押し渡ろうという空気が強くなった。もはや舟の来着も、減水も期待できない。流れを横切って一本の太い鉄の綱が張られた。みんな裸になり、荷物を頭の上に乗せ、それを片手で支え、もう一方の片手で綱につかまって流れを横切ろうとした。

河は深く、胸までつかり、流れが速かった。そのうち一人の兵隊が綱から離れた。荷物を背中に結えているので、水中に引

川床に引き上げた船（チャンリー川の渡し場）

き込まれ、足をバタバタさせて流れていく。「荷物を離せ」「荷物を捨てろ」と、河岸から叫ぶが、聞こえようもなく、そのまま見えなくなった。そのうちまた一人、続いて二人、あっという間に流れに吸い込まれた。

後で聞くと、綱は久保中尉が生命をかけて張ったものだと言う。久保中尉はコヒマに近い山中に久保工作班を開設した責任者で、そのゆきとどいた住民施策で山地民族の信頼を得ていたが、烈兵団の撤退と前後して下り、ここまで来た。渡河できない兵隊たちの群れを見て、綱を頼りに渡河できるようにと、綱を持って川に飛び込んだ。体はやせ細り、マラリアの熱も高く、歩くのが精いっぱいの体だったというが、勇をこして二度、三度、泳いで河を往復し、ついに両岸に綱を張ったと言う（しかし、そうした無理がかさなって久保中尉は倒れ、二度と発ち上がれなかったと言うことを、後で私は聞いた）〟

私は一年前に丸山静雄さんの著書を再読している時、この一文に気付き、飛び上るほど驚いた。と同時に、一九七九年一月にナガランドを訪問して以来、三十五年近くもずーっと疑問に思っていたことの解答を得たように思えた。

一九七九（昭和五四）年一月に、私は、当時のデサイ首相に直談判をして許可をもらい、外国人の立ち入りが禁じられており、世界の秘境と言われていた、インド東北部のナガランド州を訪ねた。州都コヒマから五～六十キロ東の、ビルマ（現ミャンマー）との国境に近いチザミ村で、村人からよく「サンチョ……」と呼ばれた。

現地での通訳兼案内人のニペロさん（当時五十一歳）によると、日本の兵隊がよく使っていたという。とすると「班長（はんちょう）」の覚え違いだろう。青少年時代にこの言葉を覚えた村人たちは、まるで「ミスター」と同じように使っていた。

「私は日本軍が作った学校に通ったので、まだ日本語を覚えています」

英語を話すニペロさんは、日本軍が駐留していた三十五年前は十五、六歳。

「コメありますか、モミありますか、ニワトリありますか、おはよう、ありがとう……」

彼は笑いながら日本語を話す。そんちょう・ぶらくちょう・くつした等の日本語も覚えていた。彼だけではなく村人の多くが一つや二つの日本語を覚えていた。中には「さくら、さくら、やよい、やよい、やよい……」等と歌う人もいた。

村の四・五十代と思える女性たちが私の傍に寄ってきた。彼女たちは同世代の仲間だそうだが、白や赤、黒色のショールを肩に巻いていた。全員、長い黒髪を後頭部に束ね、顔形は日本人に似ているが、肌は小麦色に日焼けしている。その彼女たちが、抑揚のない、透き通るような声で、やや下を向いて歌い始めた。あまり上手とは言えないが、節をつけて叙事詩を語っているようでもあった。

「これは日本の兵隊のことを歌っているのです」

ニペロさんが途中から通訳してくれた。

〝ある日、村の男に似た日本の兵隊がやってきた。みんな腹をすかしていた。私たちは、米や豚や野菜を渡した。充分に食べた日本の兵隊は、手を振って笑いながらコヒマに向かって歩いた。

コヒマでは大きな戦いがあったそうだ。やがて、日本の兵隊は戦う武器も、食べ物もなく、疲れ、傷ついて私たちの村に帰ってきた。私たちはまた食べ物を与えた。

傷つき、疲れ果てた日本の兵隊は、何も語らず、笑うこともなく、ただ食べることに夢中だった。日本の兵隊は、東のジャングルに向かって歩いた。私たちは食べ物を与え、ジャングルまで見送った。

その後、日本の兵隊はやってこない。日本の兵隊は何処へ行ったのだろう〟

私はニペロさんの通訳を聞いているうちに、だんだん感情がこみ上げ、胸が熱くなって目頭が潤んだ。

ビルマ戦争・インパール作戦・コヒマ戦争等、幼い頃から何度も耳にしていた言葉であった。しかし。私はこれ等には何の関心もなく、ただ、雲南文化圏の山岳民族としての秘境ナガランドの民族踏査を思い立っての訪問であった。ところが、すでに三十五年も前に、目的はいかにせよ多くの日本人が訪れていた。

この時の二十二日間に及ぶナガ高地民族探訪は、日本の文化的・民族的源流を求めての踏査旅行であったが、まるでインパール作戦の戦跡巡りのような旅でもあった。

「アジア人とヨーロッパ人の大きな戦いがあった……」

全ナガ州を案内してくれた通訳メター氏の言葉だ。私が会ったナガの人々の多くは、戦争にやってきた日本の将兵を悪くは言わず、ただ、「ビルマから日本人がやってきた」としか言わなかった。

私は、この後、コヒマからマニプール州のインパールを訪れた。インパールの平原で牛がのんびり草を食《は》んでいた。そこはかつてのインパール作戦当時、日本軍が多大な犠牲を払って目指したが、イギリス軍に阻まれて達しきれなかった飛行場跡であった。

ナガランドから帰国後の、一九八四（昭和五十九年）二月に出版した、拙著「秘境ナガ高地探検記」にも記しているように、私は、コヒマ近くのチザミ村で、日本の兵隊が作ったという学校で日本語を習った村人たちに会った。現地で私を案内してくれた当時五十一歳のニペロさんは、かなりの日本語を覚えていた。これだけの日本語を話すには、インパール作戦によって日本軍が駐留した数か月間ではなく、少なくとも一年くらいは必要だと思っていた。それにしても、どんな日本兵が、どのようにして学校を作り、どんなことを、どのくらいの期間教えていたのか、長い間疑問が解けないままであった。

丸山静雄さんの著書によると、次のように記されている。

〝一九四二年六月～四三年八月には、日本軍がビルマ国境線に進出、全ビルマをほぼ支配下において防衛態勢に入った。そして、一九四二年十二月一日には、連合軍の反撃を封じてビルマ全土の安定を確保することに主任務が移った。と同時に山地民族の工作班が国境地帯に多数派遣された。

一つの工作班は尉官（大尉、中尉、少尉）を長とし、その下に下士官、衛生兵、通訳、現地工作員（周辺の少数民族）を配し、数名で構成されるものから八十名前後の班員を持つものまで、規模はさまざまであった。

工作班の任務は、①諜報活動、②反諜報活動、③地形、道路、河川、気象、住民の生態、動植物、生産物の調査、④インド国民軍との連絡、⑤住民工作（住民と接触し、住民を惹きつけ、作戦に協力してもらうように働きかける）などである〟

丸山さんはこのように説明しているが、彼が実際に工作班に行って見ると、チン、ナガ、マニプール、ビルマ、インド人などの工作員があわただしく出てゆき、付近の村の村長や有力者が訪ねてくる。鶏、卵、籾の袋をさげてくるもの、工作物資（布地、薬品、台所用品）をかついで出かけるもの、身の上相談に来るもの、怪我や病気の手当てを受け、治療を終えて帰るものなど、人影が絶えなかった。とも書いている。

とすると、インパール作戦が開始される一九四四年三月の一年以上も前から、工作班が派遣されていたことになる。そうすればビルマとの国境に近いナガランドのチザミ村に学校が開設されたのは、インパール作戦によって日本軍がナガランドのチザミやコヒマに進攻する以前からの工作班の住民工作によるもので、一年間以上であっても不思議ではないので、当時の村人が日本語を覚えていたことが納得できる。しかもその工作班の責任者が、このヘシンの渡河点で倒れた久保中尉であったことが分かった。

私は、ナガランドから帰国後、厚生省や外務省を訪れて、チザミ村に関することを調べてもらったが、記録がなく、何もわからなかったのだが、丸山さんの著書で久保中尉を知って謎が解けた。

農家とコブ牛

それにしても、久保中尉なる軍人は、ナガランドのチザミ村の人々に好感を持たれ、しかもこの地では、わが身をも顧みず、濁流に身を投じて綱を張り、多くの仲間を助けようと努力したことは、異郷の戦争中とは言え、日本軍にとっては英雄である。

この地で倒れたということは、この近辺の何処かに葬られているはずだが、さてそれらしき物証はないだろうかと立ち上がって歩いた。

川岸に大きな葉を付けた大木が一本生えている。そこから百メートルくらいの所に一軒の農家がある。家の周囲は田園で、立木を使ってわらぐろが作られている。白っぽいこぶ牛が数頭横たわっている。穏やかで平和なたたずまいだ。しばらく眺めていると、竹製の三角帽子を被ってシャツに布、ロンジーを巻いた四十代の婦人がやって来た。ミャンマー語の会話本を片手に話し掛けたが、チン族なのか言葉が通じなかった。ただ私が日本人であることだけはわかってもらえたようだが、七十年以上も前のことは何も知らないようだった。百メートル四方を歩いてみたが、盛り土や碑のような物はなく、灌木や雑草地と田園があるだけだった。

久保中尉が倒れたのは、きっとこの近辺だろうと思い、川辺の大木に手をやって「久保さん、ありがとう。あなたのことは忘れませんよ」と話し掛けた。しかし、答えるものはなく、ただ川面に青空が映えていた。

長く待たされて不満顔のホ・ナイウー君のオートバイの後で激しく揺られながらタムに戻った。

㈦ 大川の合流地カレーワ

一月十八日のタムは、昨夜からの雨が午前中も降り続き肌寒かった。乾季なのに雨が降っていたのでホテルで資料整理をして過ごした。

正午過ぎから小雨になり、午後二時には晴れてきたので、午後三時にタムの町から北に向かって歩き、郊外の村を訪ねた。そして旧道の古い鉄橋を通って、ナンファロン村の方へ歩いた。途中東の連山ハシイエン・ヒルがきれいにはっきり見えていた。そして、旧道の古い鉄橋下を流れるモフイヤー川は昨夜からの雨で増水し、濁っていた。

しばらく歩いていると、村があった。家の前にいた人に尋ねると、ここはナンファロン村だという。本来のナンファロン村は、モレーから一キロも東の平地にあり、道沿いにこの村の古さを象徴しているような、はりえじゅ（にせあかしあ）の大木が並んでいた。一昨日訪ねた所もナンファロン村の部だそうだ。古い家が道沿いにある村は、人通りはほとんどなく、静かで落ち着いていた。ここはタムから約三キロ北にあった。たぶん、ここが七十年以上も前からある村で、東の山麓にある、モレー近くのマーケット街のナンファロンは新しい地域のようだった。

午後五時半にタムに戻り、三差路の所にあるバス会社で、明朝八時発の、南のカレーワ行きのミニバスの切符を五、〇〇〇チャットで買った。カレーワはかつて日本軍がチンドウイン川を東から西へ渡ったとされているモーライクへの経由地でもある。

一月十九日のタムの朝は雲が多かった。ホテルの前のインド料理店でチャパティーとカレーで朝食し、八時にホテルまで迎えに来たミニバスに乗った。カレーワまでは百四十九キロあるそうだ。

プライベートの十数人乗りミニバスは、荷物を積んだり客待ちをして、タムを発ったのは八時五十分だった。町を出る時チェックがあったが、それ以後は時々客が乗り降りするだけで舗装した道を快調に走った。

十時五十分に、ヤサギヨ・ダムの入口に着き、タム以来大声で話し続けて大変うるさかった老人と他に二人が下車した。そして、十一時に中間地点で運転手たちが昼食をしたが、私はバナナとミカンだけにした。

チンドウイン川とメタ川の合流

十一時二十五分に出発し、バスは快調に走って、カレーミヨ近くまで戻り、左の東へ折れ、メタ川に沿って走った。そして五日前の夕方通った大橋の三差路を過ぎ、午後一時二十分にカレーワの中心地に着いた。

カレーワはチンドウイン川沿いにある古い町なので、カレーミヨよりも大きな町だろうと思っていたが、小さな町で、外国の一般的な旅行者が泊まれるようなホテルはなかった。町中の三つのホテルと言うよりも宿泊所を見たが、いずれも七、八十年前と変わっていないような古くて汚れた部屋だった。結局チンドウイン川の船の乗り場近くの丘にあるチエスコホテルにした。狭い部屋にシングルベッドが一つあるだけで、一泊九、〇〇〇チャット。トイレ、シャワーは共同利用。これまでで最低のホテルだが他はもっとひどいので仕方ない。

午後三時過ぎ、カメラを持って部屋を出た。近くの船着き場の食堂で魚の煮物と飯でチンドウイン川のゆったりとした、濁った水の流れを見ながら昼食。

その後古い建物の多い街並みを見て、チンドウイン川とメタ川の合流点を見に行った。

カレーワは二つの大川が合流したところにできた標高僅か百三十五メートルの町。西のカレーミヨの方から流れているメタ川は、比較的水がきれいで薄緑色をしているが、北からの本流チンドウイン川は灰褐色に濁っている。町の南先端で合流しているのだが、メタ川はチンドウイン川に呑み込まれ、その下流の水はやはり濁っている。その大川を大小の船が行き交い、川辺は貨物船などから物資を上げ下げする人夫が忙しく働いている。

二つの大川が合流する三角状地形先端の少し手前が丘になっており、その一帯は〝シュウエ・モケタウ・モナステリ〟という修道院で、丘の上には寺院と金色の仏塔がある。

私は、靴下まで脱いで階段を上って丘の上に出た。町や川が一望できる素晴らしい眺めである。南の方には、あの断層のようになった赤褐色のカラフルな絶壁が見える。北からのチンドウイン川はその壁に突き当たり、北東へと急に流れを変え、やがてその壁を突き破るように南東の方へ流れている。

丘の上の寺院では、一人の僧が座って寄付を仰いでいた。ここは一九四二年五月末には日本軍がやって来て沢山の日本兵が経由したり駐屯した所でもあり、当時からある古い寺でもあるので、僅かだが寄付をした。すると僧が名前を記入するようにと言うので記帳すると、名前入りの立派な領収書をくれた。

町は東と南西側を川に、西北側を標高二〜三〇〇メートルの山に囲まれた、三角形状の大地にあるニッパーヤシや、にせあかしあなどの高木の茂る、緑の多い町だが、これ以上発展するには地理的条件が悪い。

河を利用した交通の便の良い商業地で、古くから栄えていた町だが、今ではこの西の平原にあるカレーミヨの方が、陸路の交通の便が良いので繁栄している。しかし、この丘からの山と川と平原を一望する眺めは素晴らしいので、今後観光地としては有望な所でもある。しばらく休んで周囲の光景を楽しんだ。そして午後五時頃ホテルに戻った。

ホテルで働いていた三十代の男が英語を話せたので、ここからモーライクへ行く方法を尋ねた。

カレーワからモーライクは約八十キロあり、毎日小型トラックバスが午前十一時頃出発して、三時頃に着く。道が大変悪いので、それ以外の乗り物はないそうだ。船では行けないと言う。困っていると、オートバイをチャーターして行けばよいと言う。なんでも、外国人が泊まれるようなホテルなどないので、オートバイで日帰りをするのが一番だと教えてくれた。

それではということで、彼の友人を呼び、往復四時間かかるモーライクへ、明日午前八時から二万チャットでオートバイをチャーターすることにした。

地図上には道があるようになっているが、悪路なので、普通の車は通れないのだと言う。何より、なぜモーライクへ行くのか、外国人は行ったことがないなどと、ホテルの男にさんざん冷やかされ、よした方がよいのではないかと何度も言われた。しかし、多くの日本兵が通った古い町なので、ここまで来た以上、どうしても見ておきたかった。

㈧ 帰らざる者たち終焉の地モーライク

一月二十日、午前八時、三十三歳のチョ・メン・ウイン君のオートバイの後に乗ってモーライクに向けて出発した。

霧が濃くて周囲が見えない。何より厚着をし、ウインドブレーカーを羽織っているのに寒い。風除けの付いた黒色のヘルメットを被っているので、なんとかしのげたが、濃霧がひどくほとんど何も見えない。

カレーワから約十キロの道はよかったが、それ以後は、ブルドーザーで突き放しのようながたごと道で、車もオートバイもほとんど通らない。チンドウイン川の近くを通っているのだろうか、濃霧で周りの状況がわからないまま、坂やカーブの多い道を走る。時には橋がなくて急に川底に下りて上ったり、作ったばかりの橋が途中で折れていたり、とにかく悪路である。確かにこれでは普通の車はなかなか走れまい。今は乾季なのだが、雨季にはまず無理だろう。小型トラックを改造したバスでも、八十キロの距離を四時間以上も要る理由がよくわかった。

とにかく、チョ・メン・ウイン君が運転するオートバイの後で、肩から斜めにかけているカメラバッグを抱え、彼の腰にしがみついて落ちないように頑張った。

周囲の様子はさっぱり分からないし、何が何だか分からないままで、途中小便に一度止まった以外は走り続け、午前十時にモーライクに着いた。チンドウイン川沿いの大きな寺のある所にオートバイを止めたが、まだ濃霧で、何も見えないし、頭がボーッとして酔ったような気分だった。彼は食事に行ったので、一人で川沿いの欄干に寄り掛かって立ち続けた。その下の川岸には貨物船が停泊していた。

乾季のチンドウイ川床の白砂、日本軍の渡川地点か

それから三十分ほどした十時半頃、急に霧が去って青空が見え始めた。彼が戻って来たので、早速大きなチンドウイン川沿の町を見て回った。

モーライクは、百年も前からあまり変わっていないような街並みで、古いトタン屋根のある木製の二階建ての家が多い。なんだか町全体がユネスコ認定の文化遺産としての博物館のような雰囲気だ。そこにある市場も、古くからある様相で、中に古い倉庫のような長い建物があった。とにかく、目にする物すべてが、外部とは一切関係なく、この町独自で成り立っているような独特な形態があり、旧態依然とした感じがする。

一時間ほど見て回り、市場の前の通りからオートバイで、モダンな時計塔がある十字路、と言っても信号などないが、そこから北へ折れ、四、五キロ走り、町の北端まで行くと、小さな丘の上に古い寺院があった。下にオートバイを止めて、そこに上る坂道を歩いて上っていると、右側にチンドウイン川が見え、対岸の丘のような山の麓にも村があった。

今は水量が少ないので、川床が広く、川の両側が白い砂地になっている。一九四二～四三年頃、日本軍の一部がモーライクで東から西へチンドウイン川を渡ったとされているのだが、多分、川幅が広くて水深が浅く、川床が広く露出しているこの地点ではなかろうか。そうすると一九四四年七月頃、インパール作戦に失敗して、西のチン・ヒルから退却する時にもこの辺を西から東へ渡るため、多くの兵士たちがこの地点に向かってきたのではあるまいか。

そんな思いがして、丘の上の寺院を通り過ぎ、裏手の方に出て、何か日本兵の手掛かりになる物は残っていないだろうかと思い、周囲を見ながら歩き回っていた。

茂みの中の僧

すると、一人の僧が寺から出て近づいて来た。私は何の許可も得ずに勝手に歩き回っていたので、近づいて来た僧への挨拶代わりにペコリと頭を下げて笑顔を見せた。

「アー　ユー　ジャパニーズ？」

僧が英語で問いかけてきたので、そうだと答えた。

彼は、ここで何をしているのかと尋ねるので、昔の日本軍の記念になる物が何か残っていないか捜していたと伝えた。すると、彼は、日本兵の遺体が沢山埋っている所があると言った。その場所を知っていると言うので、是非その埋葬地に案内してくれるように頼んだ。

彼は同意し、寺の裏の茂みの方へ二百メートルほど小道を進んで、この向こうだと言って茂みの中に入った。しかし、七、八メートルも入るといばらなどの茂みで切り開かない限り前に進めない。十数メートル先の小さな丘を越した向こうの窪地に日本兵が沢山埋められているというが、仕方なく小道まで引き返し、茂みを携帯電話のカメラで撮影した。

彼によると、先代の僧から沢山の日本兵が丘からアメリカ兵に狙撃されて死亡し、その場に埋められたと聞いていると言った。彼は以前そこに行ったことがあるが、もう二十数年程前のことで、それ以来行っていないと言う。今は木が茂り、状況が昔と変わってしまっているとのことだった。何より戦後日本人が来訪したと聞いていないので私が初めてだと言う。

私には遺体を掘り出す勇気も権限もないので、帰国後、日本政府に知らせ、遺体収集に来てもらうしか方法がない。

彼は、日本兵の遺体が沢山埋まっているのは確かなので、是非遺体収集をして下さいと、私の手を取って言う。

彼に出会った最初に、「アー　ユー　ジャパニーズ」と問いかけてきたのは、心のどこかに、先代から聞き知っていた日本兵埋葬のことが引っかかっていたからに違いない。

私は小道から、踏み越えることのできない十数メートル先の丘に向かって手を合わせて呼び掛けた。
「日本から来ましたよ、長い間ご苦労様でした。このまま帰りますが、必ず迎えに来るように努力します。もう少し待っていてください」

多くの日本兵の遺体が埋められていると言われる、帰らざる者たち終焉の地近くに立って、このままにしていてはいけない、なんとかしなければ、との思いに駆られ、偶然とはいえ、今回の踏査旅行の最終地で巡り合った仏教僧からの情報に、身体が震えるほど緊張し、声がかすれていた。

丸山静雄さんの従軍記に次のような一文がある。

〝インパール作戦は一九四四年三月八日、開始された。この日、第三十三師団（弓兵団）主力はモーライク付近でチンドウイン河を渡り、モーライク、ヤサギョウ、フォート、ホワイトの線から攻撃に移った〟

万を超す日本兵が、この地でチンドウイン川を東から西へ渡り、インパール作戦の堺地に向かっている。とすると、インパール作戦に失敗し、その年の七月頃に西から東へ撤退した多くの兵士が、この地に向かってきたことだろう。そのしんがりを受け持った兵士、またはチンドウイン川を西から東へ渡ることのできなかった傷病兵は、渡河地点に近い町の北離れにあるこの丘の近くにとどまっていたことだろう。とすると、その数は多かったに違いない。彼の話によると、この丘の上から狙撃され、

僧との記念写真

多くの兵士が死亡したそうである。

ビルマ戦争やインパール作戦のことなどは、間接情報でしかないはずの、若い僧の情報をどこまで信じてよいのか分からないが、先代の僧から聞いており、しかも現場に行ったことがあると言う彼を信じよう。

私の名刺を渡し、彼に何度も念を押して、後日必ず遺体収集に来るからと、彼の住所、氏名、年齢、そして電話番号をメモノートに記してもらった。

ニヤン・ピン・タルプテス・モナストリー（修道院）の僧、アシン・ソー・バナさんは三十五歳であった。彼は、電話ではなく、自分のアイホンの番号をノートに書いてくれ、必ず協力しますから、連絡して下さいと、力強く言ってくれた。そして、お互いに写真を撮り合って、力強く握手して別れた。

後日談になるが、帰国後、親しい国会議員、葉梨康弘衆議院議員と相談し、彼を通じて厚生労働省に詳しく情報を伝えた。そして、その三週間後に、来年二〇一六年にミャンマーへ遺骨収集団を派遣する予定になったと、葉梨さんから連絡があった。

私はチヨ・メン・ウイン君の運転するオートバイで、再び二時間も揺られて午後二時過ぎにカレーワに戻った。そして、その足で彼が世話してくれたトラックの助手席に乗って、その日の夕方、カレーミヨのチン・タンタン・ホテルに着いた。これで今回の踏査旅行を無事終えることができた。

その翌日、一月二十一日の午後三時三十分発の飛行機で、カレーミヨからマンダレー経由でヤンゴンへ飛んだ。

ヤンゴンとバゴーでも日本兵墓地に参り、一月二十六日にベトナムのハノイ経由で帰国した。

了

あとがき

　これまでの人類は、貧困から集団的に抜け出す手段として、略奪や侵略戦争をしかけ、夢や希望を持ってきた。そして、その戦争行為の結果のいかんにかかわらず、物事の発展や社会的改革・改善のきっかけとしてきた。

　明治以後の日本は、確かに日露戦争を起こして朝鮮半島を併合し、日支事変を起こして日中戦争をした。そして、東南アジアや南洋の大半を巻き込んだ大東亜戦争（アメリカ的には太平洋戦争）をしてきた。

　それぞれの時代の日本の指導者たちは、経済的、資源的、領土的に配慮して、日本国によかれと政治的な判断を下したものと思われる。その指導者たちは、ドイツのヒットラーのような独裁者ではなく、なりゆきまたは推されてなった人々で、われわれの先祖であったり、同郷の先輩であったりと、同じ普通の日本人で、何も特別な人ではなかった。

　戦争とは集団的な殺戮行為なので、決して繰り返してはならないのだが、これまでの民族集団は、安全・安心・権利欲を御旗に、少々の犠牲を承知の上で、紛争や戦争を起こしてきた。しかも、多民族、多宗教で絶えず戦争を繰り返していた大陸の人々は、戦争を外交手段のように考えがちであった。

どんな戦争も相手がいることなので、よい戦争などないが、過去に起こってしまった戦争は、民族的遺産とし、未来への知恵とすべきことで、反省はしても自己否定したり、相手のせいにすべきことではない。

日本は、中国や韓国から、七十数年も前の戦争（韓国とは戦争をしていない）による、南京事件や靖国神社と慰安婦問題などを誇張し、非難されて、今も外交手段に使われている。

戦争をしかけたことはよくないが、もしも日中戦争（日支戦争）がなかったら、共産党支配による今の中国はなかったかもしれないし、日露戦争を起こさず、朝鮮半島や旧満州がロシアの領土になっていたら、今の韓国や中国の東北部はなかったにちがいない。

歴史を仮定してはいけないが、当時の日本人の多くはよかれと判断し、決意の下に起こした民族戦争であったのだから、今のような豊かで平和な社会に暮らす我々が、それらを非難したり、中傷することは、歴史的民族遺産を否定し、無国籍的発想になりがちだ。まして日本国を信じて戦った将兵に罪はない。今日の日本は彼らの犠牲によるものだ。

私は大東亜戦争中に生まれ、日本の戦後と共に人生を歩んできた。しかも、普通の日本人が体験できない、世界百四十二か国も探訪して、人類の生活文化をかい間見ることができた。そんなこともあって、戦後七十周年を記念して、大東亜戦争の一部であるビルマ戦争の戦跡を巡り、戦地から帰れなかった人たちに、人類史において決して無駄な死ではなかったことを告げ、感謝の気持ちを捧げたかった。

戦後の日本と共に人生を歩んできた、またこれから歩もうとする読者の皆さんが、世界で一番平和で、豊かな安定した国になっている日本を信じて、明るく元気に生きぬいてくださることを願っている。

なお、拙著を出版するに当たり、三和書籍の高橋考社長に大変お世話になった。これまでにもいろいろあったが、今日まで私を助け、励まし、守って下さった皆様に感謝。

平成二七年七月一八日

於：東京都杉並区今川

【著者】

森田　勇造（もりた　ゆうぞう）

昭和15年高知県生まれ。
昭和39年以来、世界（142カ国）の諸民族の生活文化を調査し続ける。同時に野外文化教育の研究と啓発、実践に努め、青少年の健全育成活動も続ける。元国立信州高遠少年自然の家所長。元国立大学法人東京学芸大学客員教授、現在、公益社団法人青少年交友協会理事長、野外文化研究所所長、野外文化教育学会顧問、博士（学術）、民族研究家、旅行作家。
〈主要著書〉
『これが世界の人間だ―何でもやってやろう―』（青春出版社）昭和43年、『未来の国オーストラリア』（講談社）昭和45年、『日本人の源流を求めて』（講談社）昭和48年、『遥かなるキリマンジャロ』（栄光出版社）昭和52年、『世界再発見の旅』（旺文社）昭和52年、『わが友、騎馬民』（学研）昭和53年、『日本人の源流』（冬樹社）昭和55年、『シルクロードに生きる』（学研）昭和57年、『「倭人」の源流を求めて』（講談社）昭和57年、『秘境ナガ高地探検記』（東京新聞社）昭和59年、『チンギス・ハンの末裔たち』（講談社）昭和61年、『アジア人踏査行』（日本文芸社）昭和62年、『天葬への旅』（原書房）平成3年、『ユーラシア二一世紀の旅』（角川書店）平成6年、『アジア稲作文化紀行』（雄山閣）平成13年、『地球を歩きながら考えた』（原書房）平成16年、『野外文化教育としての体験活動―野外文化人のすすめ―』（三和書籍）平成22年、『写真で見るアジアの少数民族』Ｉ～Ｖ（三和書籍）平成23年～24年、『逞しく生きよう』（原書房）平成25年、『ガンコ親父の教育論―折れない子どもの育て方―』（三和書籍）平成26年。

ビルマ・インパール前線

帰らざる者への追憶

――ベトナムからミャンマー西北部への紀行――

2015年9月25日　第1版 第1刷 発 行

著　者　　森　田　勇　造

©2015 Morita Yuuzou

発行者　　高　橋　　考
発行所　　三　和　書　籍
〒112-0013　東京都文京区音羽2-2-2
TEL 03-5395-4630　FAX 03-5395-4632
info@sanwa-co.com
http://www.sanwa-co.com

ISBN978-4-86251-186-7 C0026

印刷所／製本　モリモト印刷株式会社

乱丁、落丁本はお取り替えいたします。価格はカバーに表示してあります。

本書の電子版（PDF形式）は、Book Pub（ブックパブ）の下記URLにてお買い求めいただけます。
http://bookpub.jp/books/bp/420

三和書籍の好評図書

Sanwa co.,Ltd.

実践語録 創造的サラリーマン

気分を変えよう　疲れたときは寝るのが一番

長谷川治雄 著　四六判変形　224 頁　本体 1,200 円 + 税

『サラリーマンのプロ』を目指す人のための行動指針をまとめた実践語録。働く方々への応援メッセージであるとともに、職場、組織全体を『創造的集団』に創り上げる研修資料としても最適の一冊。

【図解】特許用語事典

溝邉大介 著　B6 判　並製　188 頁　本体 2,500 円+税

特許や実用新案の出願に必要な明細書等に用いられる技術用語や特許申請に特有の専門用語など、特許関連の基礎知識を分類し、収録。図解やトピック別で、見やすく、やさしく解説した事典。

ビジネスの新常識 知財紛争 トラブル 100 選

IP トレーディング・ジャパン (株) 取締役社長

早稲田大学 知的財産戦略研究所 客員教授　梅原潤一 編著

A5 判　並製　256 頁　本体 2,400 円+税

イラストで問題点を瞬時に把握でき、「学習のポイント」や「実務上の留意点」で、理解を高めることができる。知的財産関連試験やビジネスにすぐ活用できる一冊。

マンガで学ぶ 知的財産管理技能検定 3 級 最短マスター

佐倉 豪 著／本間政憲 監修　B5 判 並製 220 頁 本体 2,300 円+税

「アカネ」や「菜々」など可愛らしいキャラクターのマンガをベースに、合格に必要な知識を最短で学べるよう工夫されています。解説部分は、著者と聞き手（みる君）との会話形式になっており、とても楽しく学習できます。

三和書籍の好評図書

Sanwa co.,Ltd.

野外文化教育としての体験活動

野外文化人のすすめ

森田勇造 著　A5 判　上製　261 頁　本体 2,000 円 + 税

本書は、少年期の体験的教育としての体験活動について、新しい教育観による野外文化教育学的な見地から解説したものである。生きる力や感じる心を培う体験活動について体系的にまとめている。

写真で見るアジアの少数民族　全5巻セット

森田勇造 著　B5 判　並製　本体 17,500 円 + 税

好評既刊写真でみるアジアの少数民族シリーズ全五巻セット（箱入り）。
①東アジア編／②東南アジア編／③南アジア編／④中央アジア編／⑤西アジア編

ガンコ親父の教育論

森田勇造 著　四六判　並製　256 頁　本体 1,800 円 + 税

長年にわたり世界の諸民族の生活文化を踏査しながら青少年育成活動を続ける著者が、少年期の子どもをもつ親や教育者のために、野外文化教育的見地から、『日本のよさ』を継承し、たくましく生きることのできる青少年の育成論をまとめた。

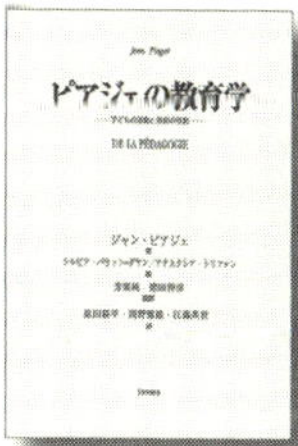

ピアジェの教育学

子どもの活動と教師の役割

J・ピアジェ 著／芳賀純・能田伸彦 監訳　A5 判　上製　286 頁
本体 3,500 円 + 税

教師の役割とは何か？　子どもが世界を理解できるようにするための手段や方法を、その心の中に作り上げてゆくべきなのか？　活動をどのように提示したら、子どもがそれを取り入れることができるのか？　“教育の方法”、“授業の役割”、“子どもの自律性”というテーマは、ジャン・ピアジェが生涯にわたって論じ続けたものである。ピアジェによる教育に関する研究結果を、はじめて一貫した形でわかりやすくまとめた。

三和書籍の好評図書

Sanwa co.,Ltd.

ダライ・ラマの般若心経

—日々の実践—

ダライ・ラマ 14 世 著／マリア・リンチェン 訳

四六判　並製　209 頁　本体 2,000 円+税

ダライ・ラマ法王は、東日本大震災で犠牲になった方々のために、10 万回の『般若心経』の読経を行うよう、チベットの僧侶たちに指示をだされました。本書は、般若心経が、私たちの毎日をより幸せに生きるための「智慧」の教えであることを説いたものです。

これからの特許の話をしよう

—奥さまと私の特許講座—

工学博士 黒川正弘 著　四六判　並製　250 頁　本体 1,200 円+税

特許を重視するプロ・パテント政策、逆に軽視するアンチ・パテント政策の両方を自在に使い分け自国の産業浮揚を図るような戦略が我が国にも必要であることを、楽しくわかりやすく解説。

住まいのいろは

三沢浩 著　四六判　並製　218 頁　本体 2,000 円+税

本書は、日本を代表する建築家の一人である著者が、建築や住宅デザインに必要な知識について「いろは」順に並べて解説したものである。重要な建築／設計用語の勘所はほとんど網羅されている。

バイオサイエンスの光と影

—生命を囲い込む組織行動—

農学博士 森岡一 著　四六判　並製　256 頁　本体 2,500 円+税

遺伝子特許のもたらす功罪とは？　途上国の抗エイズ薬供給問題とは？　多くの裁判例から、生命の囲い込み（特許化）がもたらす問題を明らかにし、研究者倫理とオープンイノベーションへの道標を指し示す!